마흔
공부
법

40-DAI KARANO BENKYO-HOU & KIOKU-JUTSU

Copyright ⓒ 2018 by Kosuke USUI
First published in Japan in 2018 by PHP Institute, Inc.
Korean translation rights arranged with PHP Institutes, Inc.
through Danny Hong Agency.

Korean translation copyright ⓒ 2018 by The Korea Economic Daily &
Business Publications, Inc.

이 책의 한국어판 저작권은 대니홍 에이전시를 통한
저작권자와의 독점 계약으로 한국경제신문 (주)한경BP에 있습니다.
저작권법에 의해 한국 내에서 보호를 받는 저작물이므로 무단전재와 복제를 금합니다.

40대만의 암기법은 따로 있다

마흔 공부법

우스이 고스케 碓井 孝介 지음 / 양금현 옮김

한국경제신문

40대에 맞는 공부법은 따로 있다

'공부를 다시 시작하고 싶다. 하지만 늘 시간에 쫓기는 데다, 어렵게 시작해놓고도 금세 의지가 약해져 중도에 포기하게 된다.'

이 책을 집어 든 당신이 40대라면, 이런 답답한 심정으로 하루하루 반복되는 일상을 보내고 있을 것입니다. 40대는 직장에서도 가정에서도 눈코 뜰 새 없이 바빠 여간해서는 자기 시간을 내기 어렵지요. 하지만 이 시기는 지금 공부를 하느냐 안 하느냐에 따라 미래가 크게 달라지는 때이기도 합니다. 학교에서 배운 것은 지난 10여 년간 충분히 써먹었고, 세상이 빠르게 바뀌는 만큼 그 변화를 따라잡아야 하기 때문입니다.

　기본적으로 공부란, 한마디로 정의하면 '자기 투자'입니다. 지식을 습득하고 두뇌를 단련하여 자신의 시장 가치를 높이는 일이니까요. 특별한 기술을 익혀두면 연봉 협상이나 승진, 이직 등의 상황에서 유리한 위치를 점할 수 있죠.

　이런 필요성이 가장 높아지는 시기가 바로 40대입니다. 일반적으로 볼 때 20대는 사회에 진출하여 업무를 배우는 시기이며, 30대는 20대 때의 경험을 토대로 직장인으로서 견고한 기반을 다지는 때입니다. 그리고 40대에 들어서면 그간 쌓아온 경험을 바탕으로 모든 방면에서 성과를 내야 하죠. 하지만 변화의 속도가 이전 어느 때보다 빨라진 오늘날에는 하루가 멀다고 쏟아지는 신지식을 습득하지 못하면 성과를 낼 수조차 없습니다. AI·블록체인·사물인터넷 등으로 대표되는 신기술이 경제 환경에 지각 변동을 일으키고 있는 현재, 그 변동의 틈새에서 자기 투자를 외면한 사람은 과거의 경험에

갇혀서 살아갈 수밖에 없습니다. 즉 격변하는 사회에 적응하면서 성과도 내야 하는 연령대가 40대인 거지요.

그런 40대가 공부를 하느냐 하지 않느냐는 앞으로의 인생에 지대한 영향을 미칩니다. 50대, 60대가 되어서도 세상이 필요로 하는 직업인으로서 생존하기 위해서는 40대인 '지금' 열심히 공부해 무너지지 않는 경력의 아성을 쌓아두어야 합니다.

이 책에서 말하는 공부는 다양한 분야를 포괄합니다. 업무상 전문지식을 습득하는 것, 회사에 필요한 인재로 인정받기 위해 자격증을 취득하는 것, 창업을 위해 블루오션을 탐색하는 것 등 무척이나 광범위합니다. 지식을 습득하는 자기 투자는 그 자체로 훌륭한 공부입니다.

그렇지만 누구나 알다시피, 40대는 안팎으로 매우 바쁜 하루하루를 보냅니다. 그 제한된 시간 내에 공부를 지속하여 성과를 내기란 여간 힘든 일이 아닙니다. 공부에서 성과를 내려면 두 단계가 필요합니다. 1단계는 지식을 습득하는 것이고, 2단계는 그 지식을 업무 현장에서 활용하는 것입니다. 시대에 맞는 지식을 습득하지 못하면 2단계는 불가능하며, 1단계 없이 바로 2단계로 건너뛸 수도 없습니다.

그렇다면 바쁜 나날을 보내는 40대가 초고속으로 성과를 내려면 어떻게 공부해야 할까요?

바로 '암기와 기억'에 집중하는 것이 핵심입니다. 두 단계 중 1단계에 해당하는 지식 습득에 우선 힘을 쏟아야 한다는 뜻입니다. 지식 활용 단계보다 암기와 기억 단계가 근본적으로 더 힘들뿐더러 기억의 저장고가 텅 비면 활용이고 뭐고 아무것도 할 수 없으니까요.

40대인 당신에게는 냉엄한 비즈니스 환경에서 축적한 '경험'이 있습니다. 따라서 적절한 방법으로 지식을 습득할 수만 있다면 그 지식을 활용 단계까지 끌어올리는 건 20, 30대보다 훨씬 쉬운 일일 것입니다.

암기할 때 염두에 둘 점은 '이해보다 암기'라는 자세로 임해야 한다는 것입니다. 일반적으로 '선 이해, 후 암기'라는 공식이 정설처럼 되어 있지만 그건 아닙니다. 태어나 처음 말을 배우는 아이처럼, 이해하지 못해도 어찌 됐든 외우는 게 우선입니다. 자꾸 외우다 보면 이해는 저절로 따라오기 마련이니까요.

　문제는 40대 대부분이 암기에 자신감이 없다는 점입니다. 10대 때나 20대 때에 비해서 암기력이 떨어졌다고 느끼는 게 40대의 특징입니다. 엎친 데 덮친 격으로, 40대는 업무와 가사 등 이런저런 일상에 내몰려 여유 시간이 턱없이 부족합니다. 공부를 하려 해도 책을 읽는 데 쓸 수 있는 시간은 하루 30분 정도에 불과하고, 책상 앞에 앉아 있을 수 있는 시간은 기껏해야 1시간입니다. 이런 상황에서는 공부량을 늘려서 저하된 암기력을 보완하기가 결코 쉽지 않습니다.

　그런데도 대부분 40대가 학생 때 하던 공부 방식만 생각합니다. 즉 '책은 첫 페이지 첫 줄부터 읽는다. 교재를 완독하고 나서 문제집을 푼다' 하는 식이죠. 이는 학교 다닐 때, 그러니까 시간적 여유가 있던 시절에 하던 공부 방식입니다. 이 방식으로 하다 보니 공부에서 결실을 보지 못하고, 결국엔 지쳐 나가떨어지고 마는 것입니다.

나는 법무사나 공인회계사 시험을 비롯하여 각종 자격 취득을 목표로 하는 학원에서 강의를 하던 때에 그런 40대를 수없이 봤습니다. 잘 외워지지 않는다, 시간이 없다며 우는소리 하면서도 학생 때와 다를 바 없는 방식으로 공부에 매달립니다. 그렇게 해서는 아무리 의지력을 발휘해도 제대로 된 결과를 기대할 수 없죠.

지금 당신을 둘러싼 환경은 학생 시절과는 완전히 달라졌습니다. 환경이 변했으니 적용하는 방식도 달라져야 합니다.

지금까지 해오던 공부법, 암기법은 모조리 폐기하십시오. 40대에게는 40대만을 위한 공부법과 암기법이 있으니까요. 40대를 위한 '공부법 + 암기법'을 널리 알리고자 나는 이 책을 썼습니다. '도저히 시간이 나지 않는다', '집중력과 암기력이 저하되어 외워지지 않는다' 같은 고민을 안고 사는 당신에게 꼭 들려주고 싶은 궁극의 공부법을 이 책에 담았습니다.

40대를 위한 공부법과 암기법은 시간이 없는 사람에

게 최적화된 전략이며, 다양한 역할 속에서도 충분히 구사할 수 있는 탄탄한 전술입니다.

이 책을 통해 당신이 공부와 암기에 대한 고민을 날려버린다면 저자로서 그보다 더한 행복은 없을 것입니다.

우스이 고스케

3장 제한시간 내에 성과를 내는 초고속 암기법

4장 언제나 최고 효율을 유지하는 40대의 집중법

5장 지식을 지력으로 바꾸는 공부법

1장

40대가 빠지기 쉬운
암기의 함정

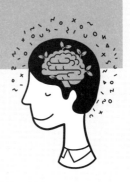

—

지금까지 나는 자격증 학원에서 강의하며 40대 수험생을 많이 봐왔다. 그들은 대부분 의욕이 넘치고 아주 열심히 공부한다. 업무에 쫓기고 가사에 내몰리면서도 공부에 몰두하는 그 모습은 젊은이들이 본받으면 좋겠다 싶을 정도로 감동적이기까지 하다.

그런데 이렇게 성실한 40대가 빈번하게 이야기하는 고민이 있다. 바로 아무리 애써도 잘 외워지지 않는다는 것.

어떤 공부가 되었건 가장 기본이 되는 것이 암기인데, 40대는 다른 연령대보다 암기라는 문제에서 더 크게 어려움을 겪는다. 실제로 내가 강의한 학원에서도 합격률이 가장 낮은 게 40대였다.

이런 말을 하면 "40대는 아직 젊은데 무슨 얘깁니까? 50대 이상 중장년층이라면 몰라도…"라며 시큰둥한 반응이 돌아오곤 한다. 연령대가 높으면 높을수록 암기력이 저하된다는 게 일반론이니 대체로 그렇게 생각할 것이다. 하지만 이는 내가 수년간 수많은 수험생을 만나면서 직접 알아낸 사실이다.

그렇다면 왜 40대는 50대나 60대보다 좋은 결과를 내지 못하는 걸까? 그 이유는 간단하다. 50~60대는 부족한 암기력을 공부의 양으로 채울 수 있는 반면, 40대는 그것이 불가능할 만큼 몹시 바쁜 사람이 많아서다. 50~60대는 현역에서 은퇴했거나, 아직 재직 중이라 하더라도 40대 때 하던 방식대로 몸 사리지 않고 야근하는 일이 거의 없다. 가정 면에서도 자녀가 이미 독립했거나 부모의 손길이 크게 필요치 않을 만큼 성장한 경우가 태반이다. 따라서 암기에 필요한 공부의 양을 늘리는 데 별다른 장벽이 없다. 공부의 효과는 '양×질'로 결정되므로, 양을 늘리면 암기력 부족이라는 고민도 어느 정도 해소할 수 있다.

힘든 건 40대다. 어떤 연령대보다 눈코 뜰 새 없이 바쁜 삶을 살기 때문에 공부의 양을 늘려서 암기력 부족을 보완한다는 게 현실적으로 어렵다. 더욱이 이들은 버블경제 붕괴 후 불어닥친 불경기의 여파를 고스란히 받은

취직 빙하기 연령대이기도 하다. 회사 내 동기도 많지 않고 대개가 비정규직 근로자다. 윗세대에 비해 여유가 없으며, 눈앞에 주어진 일로 머릿속이 빡빡하기에 자신을 위해서 시간을 내기가 어렵다. 이런 현실을 경험한 독자도 제법 많으리라 생각한다.

그러나 현실을 한탄하며 발끝만 내려다본들 뾰족한 수가 나올 리 없다. 급변하는 현대를 살아가는 40대가 여러 방면에서 성과를 요구받는 연령대인 건 엄연한 사실이다. 그렇다면 암기력을 높여 업무와 공부 모든 면에서 성과를 낼 방법을 찾아야 하지 않겠는가. 이를 위해 무엇을 어떻게 하면 좋을까?

40대가 바라는 바는 짧은 시간에 효율적으로 암기하고 공부해서 목표를 달성하는 것이다. 그러기 위해 우선 필요한 건 흔히 빠지는 암기의 함정을 또렷이 의식하는 것, 그리고 그 함정을 메우고 공부하는 것이다.

나는 수많은 40대 수험생을 접하면서 '암기의 함정'이 곧바로 '공부의 취약점'이라는 사실을 간파했다. 몇 명 단위가 아니라 수십, 수백 명 단위의 40대 수험생이 가르

쳐준 사실이다. 그런데 똑같이 시간에 쫓기는 40대이면서도 공부에서 성과를 거둔 사람도 있었다. 이들의 공부 방법을 들여다보니 취약점에 대한 대책이 아주 자연스럽게 형성되어 있었다. 그렇다면 이들처럼 취약점을 분명하게 인지하고 함정에 빠지지 않도록 공부하면 되지 않겠는가.

지금부터 40대가 빠지기 쉬운 암기의 함정을 살펴보자. 크게 세 가지로 구분하여 이야기해보겠다.

암기의 함정 ❶

정보는 무조건 자세해야 한다?

40대가 빠지기 쉬운 첫 번째 암기의 함정은 불필요한 생각 때문에 있는 그대로의 정보를 온전히 암기하지 못한다는 점이다.

40대는 10~20대 청년들과 달리 의식을 집중하는 포인트가 빗나가 있다고 해도 무방하다. 10~20대는 암기할 때 '눈앞에 있는 정보'에 집중한다. 쉽게 말해, 책에 실린 문장을 암기할 때 '문장 표면에 드러난 의미'를 외운다. 이에 비해 40대는 '눈앞에 없는 정보'까지 찾아낸다. 눈앞에 놓인 문장을 암기해야 하는 상황에서도 그 문장을 바탕으로 여러 상황을 상정하여 정보의 전제를 확대 해석해서 공부하는 경향이 있다.

예를 들어보겠다. 회사법 지식에 '중역의 임기는 2년이다'라는 문장이 있다고 하자. 10~20대라면 아마도 그 내용 그대로 '임기는 2년, 임기는 2년…'이라고 되뇌며 외울 것이다. 그런데 40대는 '임기 중에 해임되면 남은 임기까지의 보수는 어떻게 되지?', '만약 회사와 중역 사이에 임기를 3년으로 정하는 계약이 체결돼 있다면 그 계약은 유효한 걸까?' 등 불필요한 상황을 연상하고 생각에 생각을 보태간다. 물론 다른 연령대의 사람들 중에도 '만약 ~라면' 하는 식으로 생각의 나래를 펴는 사람이 있긴 하지만, 40대에서 특히 두드러지는 사고 특징이다.

전제 조건 또는 예외적 조건을 상상력으로 보충하는

것은 상사와 부하 간 또는 부서와 부서 간 중재자로서의 업무를 담당하는 직장인에게는 분명 필요한 사고법이다. 하지만 공부를 할 때는 사고 이전에 일차적으로 암기에 더 큰 비중을 두어야 한다. 사고하려 해도 지식의 뒷받침이 없으면 올바른 사고가 불가능하기 때문이다. 다시 말해 '사고하다 → 암기하다'가 아니라 '암기하다 → 사고하다'의 순서가 되어야 한다는 뜻이다. 암기가 먼저이고 사고는 그다음 단계라는 점을 명심하자.

물론 자유자재로 사고하면서 공부하는 스타일도 없는 건 아니며, 나 또한 어느 정도는 그런 스타일이다. 그러나 효율을 따진다면 하나에 집중하는 것이 중요하다. 단시간에 반드시 성과를 내고 싶다면 암기를 최우선으로 해야 한다. 이런 결단이 없으면 바쁘기 그지없는 40대가 공부에서 좋은 결과를 얻기란 하늘의 별 따기다.

불필요한 생각을 하기에 앞서 지금 눈앞에 놓인 정보를 온전히 외우는 일에 힘을 쏟기 바란다. 그것이 공부에서 성과를 내는 지름길이다.

정보를 압축해야 한다

앞서 지적했듯이, 40대는 불필요한 곳까지 생각을 넓히는 경향이 있다. 이 연령대의 사람이 무엇이든 확실하게 암기하려면, 외우려는 정보를 철저히 압축해야 한다. 이를테면 '정보의 표적화'가 필요하다는 얘기다. 생각해보자. 암기할 문장이 있는데 그것이 단 두세 문장이라해서 쉽게 외워질까? 다음 문장을 보자.

우에노공원 산책 후 JR야마노테선을 타고 아키하바라에서 주오소부선으로 갈아타고 요쓰야역에서 내렸다. 역 앞카페에서 콜라를 마시고 친구 가토와 밥을 먹었다. 가토와 헤어져 지하철 난보쿠선을 타고 집이 있는 이다바시역에 도착했다.

단 세 문장이기에 술술 읽힌다. 하지만 읽을 땐 간단한 문장이지만 머릿속에 저장하겠다면 이야기는 달라진다. 세 문장밖에 안 되는데도 암기하기엔 호락호락하지 않은 정보 용량이다.

용량이 크면 압축해야 한다. 이를테면 키워드를 찾아서 키워드 중심으로 외우는 것이다. 방금 예로 든 문장에서 '우에노, 아키하바라, 요쓰야, 이다바시'를 키워드로 뽑으면 암기하는 데 그리 힘들 게 없다. 또 '도쿄에서 들른 곳은 어디인가'라는 질문에도 키워드만 외우고 있으면 충분히 답할 수 있다. 외우려는 정보의 요점을 찾아 압축해서 암기하는 것이 '정보 표적화'다.

불필요한 정보에까지 생각의 가지를 늘리는 습관은 표적화 관점에서 보면 완전히 허튼짓이다. 표적화는커녕 암기할 정보의 한계를 확장시켜 암기를 더더욱 힘들게 하기 때문이다.

정보 표적화는 40대에 국한된 이야기만은 아니다. 10~20대 청년층이라 해도 보이는 정보를 모조리 암기하는 건 능력 밖의 일이기 때문에 정보를 한정해서 암기해야 한다. 하지만 40대는 다른 어떤 연령대보다 더 철저하게 '정보 표적화'를 해야 한다. 누구보다 바쁘고 시간이 없다는 게 40대의 특징이다. 공부량을 늘려서 부족한 암기력을 보완하는 데 한계가 있기 때문에 공부의 '질' 을 높일 수밖에 없다.

당장 자신의 상황을 돌아보자. 당신이 공부에 투자할 수 있는 시간은 얼마나 되는가? 책상에 앉을 시간조차 거의 없는 게 현실 아닌가? 물론 이런 상황에서도 공부량을 늘리려는 노력은 필요하다. 하지만 그보다 더욱 중요한 것이 암기할 양을 줄이는 작업, 즉 압축이라는 얘기다. 정보 표적화는 그야말로 시간이 없는 사람을 위해 최적화된 공부법이다.

🔒

암기의 함정 ❷

시간이 많아야 한다?

40대가 빠지기 쉬운 암기의 함정을 이야기할 때, 시간이 없다는 문제에 대한 언급도 빼놓을 수 없다. 말할 수 없이 바쁜 일상을 사는 까닭에 늘 시간 부족에 허덕이는 당신, 하지만 공부할 시간이 없어서 암기할 수 없다는 말은 다 엄살에 불과하다.

회사 동료나 선배를 떠올려보자. 승진 시험에 통과했거나 스펙에 유리한 자격증을 소지한 사람은 대부분 업무 능력자, 다시 말해 평소 바쁘게 일하는 사람일 것이다. 바쁜 사람일수록 자기 투자를 위한 공부에서도 좋은 결과를 보인다. 일정을 유연하게 관리하면서 공부 시간을 만들어 자기계발에 투자한다.

이런 사람들이 있기에 '시간이 없어서 공부를 하지 못한다, 암기할 수 없다' 같은 말은 설득력이 떨어질 수밖에 없다. 시간이 없어서 공부할 수 없는 게 아니라 공부할 시간을 만들려는 노력이 부족하기 때문이다. 멍하니 허송하던 출퇴근길을 공부 시간으로 활용하는 등, 생각해보면 따로 시간을 내지 않고도 간단히 실천할 수 있는 방법은 얼마든지 있다.

내 지인 중에 다른 직업에 종사하면서 법무사 시험에 합격한 사람이 있다. 평소 업무가 아침 9시에 시작해서 밤 8시에 끝나는데, 그래도 최대한 공부 시간을 만들자는 마음가짐으로 노력했다고 한다. 한 예로 그는 새벽 4시,

모두가 잠든 고요한 시각에 잠에서 깨어나 책상 앞에 앉았다고 한다. 이는 공부 시간을 만들어내고자 하는 궁극의 노력을 보여준 사례라 하겠다.

하지만 확실한 성과를 내려면 이런 노력만으로는 부족하다. 눈코 뜰 새 없이 바쁜 40대가 시간을 만든다고 해봐야 한계가 있기 마련이다. 생각을 짜내고 짜내도 하루에 주어진 시간은 누구에게나 24시간이니 말이다. 그렇다고 잠자는 시간을 줄이는 것도 상책은 될 수 없다. 수면 부족으로 업무에 지장을 초래한다면 본말이 전도된 셈이기 때문이다.

여기서 요구되는 것이 '초고속 암기법'을 이용한 공부다. 절대적 공부 시간을 늘리려는 노력을 계속하면서 빠듯한 시간을 밀도 있게 사용하는 기술로 하루하루 공부에 매진하는 방법이다. 이를테면 공부 시간을 허비하지 않도록 요점만 정리해놓은 교재를 선택하고, 스스로 시간을 제약하며 강제적으로 집중할 수 있도록 방책을 마련하는 등 같은 시간이라도 효과적으로 활용할 방법을 모색하는 것이다.

시간을 밀도 있게 사용하여 짧은 시간에 많은 정보를 암기할 수 있도록 해보자. 밀도 있게 보낸 시간이 목표에 성큼 다가서는 데 도움이 되어줄 것이다.

예전 공부법은 버려야 한다

지금까지 '밀도 높은 시간'에 대해 이야기했다. 여기서 짚고 넘어갈 점은 아무 의식 없이 '당연하게' 하는 공부는 시간을 밀도 있게 사용하는 방법이 아니라는 것이다.

'교재 첫 줄부터 읽어 내려간다', '교재 내용을 어느 정도 외우고 나서 문제집으로 넘어간다', '노트에 필기한 것을 다시 깨끗하게 정리한다' 등은 학생 시절부터 자연스럽게 해온 방식이다. 어쩌면 당신도 40대로 접어든 지금까지 무의식적으로 그렇게 하고 있을 것이다.

문제는 이와 같은 공부법으로는 시간을 밀도 있게 사용할 수 없다는 데 있다. 책을 읽을 때, 때에 따라서는 곧이곧대로 첫 줄부터 읽기보다 결론이나 주장에 해당하는 부분을 먼저 체크한 뒤 첫 줄로 진입하는 방법이 나을 수도 있다. 교재를 펼치기 전에 우선 문제집의 요점정리를 쭉 훑어보는 것도 한 방법이다. 암기를 목적으로 정리하는 노트라면 모를까, 단지 칠판에 적힌 내용을 베껴 쓰는 거라면 스마트폰 카메라로 촬영하는 게 더 효율적이다.

당신이 당연하다고 여기는 공부법은 학창 시절부터 몸에 밴 습관이다. 초등학교 때부터 고등학교 때까지, 누군가는 대학교에 가서도 줄곧 고수하던 방식이었을 것이다. 그러니 지금도 여전히 그 방법 그대로 공부하는 건 새삼스러울 일도 아니다.

하지만 학창 시절 공부의 '왕도'로 믿었던 공부법을 그대로 답습해서 성과를 내기란 지금의 환경에선 불가능하다. 그때와는 달리 지금은 시간이 없다. 거꾸로 말하면, 학창 시절 왕도로 믿었던 공부법은 시간이 충분했기에 유효했다는 얘기다.

지금까지의 공부법은 잊기 바란다. 당신은 누구보다

바쁜 40대니까 시간을 적게 투자하고도 성과를 내는 방법으로 공부해야 한다. 40대인 지금과 학창 시절을 같은 선상에 놓아서는 안 된다.

🔒

암기의 함정 ❸

집중력은 나이와 상관있다?

이야기를 되짚어보자. 지금까지 우리는 40대의 암기력이 떨어지는 원인, 즉 암기의 함정에 대해 살펴봤다. 요약하자면 '불필요한 사고를 하느라 정보를 압축하지 못한다' '시간이 없음에도 시간을 필요로 하는 공부법을 고수한다'라고 할 수 있다.

암기력 저하는 40대에게 공통으로 나타나는 증상인데, 여기에 더해 한 가지가 더 발견된다. 바로, '집중력' 문제다.

젊은 시절과 달리 집중력이 잘 발휘되지 않는다고 느낀 적이 있을 것이다. 아주 오래전 일을 떠올려보면 대학 입시나 고교 입시를 준비할 때 보통은 두세 시간씩 책상 앞에 앉아 있곤 했을 것이다. 그런데 지금은 30분을 버티지 못한다. 이런 고민은 당신만의 것이 아니다.

'40대는 공부에 집중하지 못하는 경향이 있는 건 아닐까?' 하는 생각을 하게 된 것도 직장인 대상의 자격증 학원에서 강의할 때였다. 40대 수험생들과 이야기를 나누다 보면 '예전처럼 집중할 수 없다'라는 소리를 자주 듣는다. 강의 시간에 꾸벅꾸벅 조는 모습도 40대가 유독 많다. 그 연령대는 피로에 지친 탓인지 집중하는 것이 힘겨워 보였다.

집중할 수 없다는 고민을 털어놓는 40대 수강생과 상담할 때, 나는 종종 이런 질문을 했다. "왜 집중할 수 없다고 생각하세요?" "집중할 수 없는 원인은 뭘까요?" 회사 일과 집안일로 피곤하다는 대답이 대부분이다. '회사 일이 뇌리에서 떠나지 않는다', '아이가 오늘 시험을 잘 봤는지 신경이 간다', '스마트폰으로 최신 뉴스를 검색해보고 싶다', '새로 들어온 메시지는 없는지 확인하고 싶다' 등 다양한 대답이 쏟아진다.

대답 자체는 다양하지만 그 안에 담긴 공통점은 공부 이외의 '다른 것'이 원인으로 작용해서 집중력을 떨어뜨린다는 것이다. 긴 시간 공부를 하다 보면 집중력이 저하되기 마련이지만, 그 이상으로 공부 아닌 다른 것이 당신의 집중력을 약화시킨다는 점을 알아두기 바란다.

생각건대 40대는 이전 연령대보다 더한 정보의 홍수 속에서 살아간다. 인터넷 정보는 물론이고 현실 세계에서도 수많은 동료, 사회와의 관계망 안에서 살아가는 까닭에 그런 현실 세계에서 접하는 정보량 또한 다른 연령대에 비해 많다. 이들 정보가 40대의 집중력을 저하시키고 책상 앞에서도 집중할 수 없게 한다.

40대가 공부에 집중하려면 무엇보다 공부 이외의 정보는 멀리하는 환경을 만들어야 한다. 즉 공부 중에는 컴퓨터를 끄고, 스마트폰은 눈에 띄지 않는 곳에 치워두며, 공부에 관련된 물품밖에 없는 전용 공간에서 공부하는 등이다. 40대는 업무 등에서 받는 스트레스로 늘 피로하다. 그 때문에라도 더더욱 집중할 수 있는 환경을 스스로 마련해야 한다.

핵심은 정보 압축과 집중 암기

—

지금까지 이야기한 암기의 함정을 정리하면 다음 세 가지로 요약된다.

- 첫째, 불필요한 생각 때문에 정보를 온전히 암기하지 못한다.
  - → 정보 표적화가 불가능하다.
- 둘째, 시간이 충분하지 않아서 암기할 수 없다.
  - → 단시간에 암기하는 방법을 모른다.
- 셋째, 집중력 지속 시간이 예전만 못하다.
  - → 집중력 유지를 위한 환경이 조성되어 있지 않다.

제한된 시간 내에 확실한 결과를 내려면 이들 세 가지 함정을 보완할 방법을 모색해야 한다.

첫째, 정보를 압축한다. 정보가 너무 크거나 너무 많으면 암기에 어려움을 겪는다. 따라서 암기할 부분을 간명하게 압축한다.

둘째, 시간이다. 시간을 만들려는 노력을 게을리하지

40대의 '암기의 함정'

불필요한 생각 때문에 정보를 온전히 암기하지 못한다.	시간이 충분하지 않으면 암기할 수 없다고 생각한다.	집중력 지속 시간이 예전만 못하다.

말아야 한다. 성과를 내려면 노력만으로는 부족하다. 짧은 시간에 암기할 수 있는 공부법을 구축하고 그 방법으로 매일 꾸준히 공부한다.

셋째, 집중력도 중요하다. 특히 40대는 집중력을 향상시키려는 노력을 게을리하지 않으면서 동시에 대책을 마련해서 집중을 방해하는 요인을 스스로 차단해야 한다. 긍정적 효과를 늘리고 부정적 효과를 줄이는 연구도 동시에 진행한다.

이처럼 40대가 빠지기 쉬운 암기의 함정을 메우면 암기할 때의 어려움이 지금보다 눈에 띄게 줄어들 것이다.

함정을 메우는 방법과 함께 알아두면 좋은 게 있다.

암기 요령이 그것인데, 이를 잘 활용하면 공부하는 데 아주 요긴하다. 효과적이고도 효율적인 암기법을 공부에 접목하면 잘 외워지지 않던 내용도 머릿속에 쏙쏙 저장된다.

잠시 이 책의 구성을 살펴보자. 이어지는 2장에서는 정보 표적화에 대해서 설명한다. 3장에서는 암기를 위한 시간 사용법과 단시간에 암기할 수 있는 방법을, 4장에서는 집중하는 요령을 다룬다. 2장부터 4장에 걸쳐 암기의 함정을 보완하는 방법을 소개한다.

5장에서는 암기한 지식을 어떻게 활용하면 좋을지 구체적인 방법을 알려준다. 그리고 마지막 6장에서는 40대가 공부와 암기에서 느끼는 고민을 Q&A 형식으로 풀어낸다.

이 책을 읽으면 지금까지 살펴본 암기의 함정에 빠지는 일 없이 효율적으로 공부하게 될 것이다.

실천 없이 성과를 기대할 순 없다

—

여기서 한 가지 더, 이 책의 독자에게 바라는 점이 있다.

이 책은 40대의 암기력이 떨어지는 원인을 밝히고 헤쳐나가는 방책을 아낌없이 소개한다. 나아가 학습 효과를 최대화하는 데 즉각적으로 도움을 주는 공부법과 암기법도 속속들이 전달한다. 전체적인 개요는 〈그림 2〉와 같다.

개요를 보고 '이 책을 읽기만 해도 암기를 잘하게 되겠구나' 생각할 수 있겠지만, 유감스럽게도 그렇진 않다. 이 책을 읽기만 해선 소용이 없다. 여기서 소개하는 내용을 일상의 공부에 반드시 접목해야 한다.

'공부법＋암기법'을 접한 후 그 방식을 알았다는 것 또는 배웠다는 사실만으로 흥분하고 만족해하는 사람이 드물지 않다. 이런 사람들은 어쩌면 그 밖의 학습 요령도 많이 알고 있을 것이다. 하지만 이렇다 할 성과는 올리지 못하고 있을 것이다. 왜일까? '공부법＋암기법'은 알기만 해서는 소용이 없고 실천을 해야만 비로소 의미

<그림 2> 이 책의 개요

40대부터 시작하는 공부법+암기법

요점을 놓치지 않는 '정보 표적화'	제한된 시간 내에 성과를 내는 '초고속 암기법'	언제나 최고 효율을 유지하는 '40대의 집중법'

2장	3장	4장

지식을 지력으로 바꾸는 공부법

5장

40대의 공부·암기 고민에 대한 해법

6장

를 지니기 때문이다.

　이 책을 손에 들었다면 단지 읽는 데 그칠 게 아니라 매일매일의 공부에 실제 활용해보기 바란다. 실천이 당신을 목표 달성이라는 고지로 이끌어줄 것이다.

요점을 놓치지 않는
정보 표적화

요점만 기억하라

—

40대가 암기에 고전하는 원인 중 하나로 정보 압축을 잘 못한다는 점을 들 수 있다.

사실 나는 40대에만 국한하지 않고 모든 연령대에게도 강조한다. '정보는 송두리째 암기할 수 없다. 압축하지 않은 정보는 잘 외워지지 않는다'라고 말이다. 지금껏 언제 어디서 누구를 만나든지 일관되게 강조해온 방법이 있는데, 바로 '정보 표적화'다.

사람들은 대개 암기할 정보를 압축하지 않고 당연하다는 듯 '송두리째' 암기하려 한다. '모조리 외우고 말겠어'라고 결심하지 않았다 하더라도 정보의 선별을 의식하지 않은 시점에서 이미 그런 태세에 돌입한 거나 마찬가지다.

그중에서도 40대에게는 전부를 외워버리겠다는 의지가 뚜렷이 엿보인다. 단적으로 말해 40대가 보이는 성향은 '아무튼 외울 수 있는 데까지 외워보자'라는 고지식한 태도로 책상 앞에 앉는다는 것이다.

이 성향은 어떤 의미에서는 불가항력적이다. 앞서도 언급했지만 공부하는 40대는 예외 없이 의욕이 넘친다. 황금 같은 시간을 쪼개서 공부에 투자하는 만큼 '가능한 한 모든 지식을 흡수하자!' 라는 자세로 나오기 쉽다. 게다가 이를 뒷받침이라도 하듯 40대의 체력은 50대 이상 연령대에 비해 강인하다. '몽땅 외워버리고 말겠어!' 라는 저돌적 태세로 공부에 뛰어들 수 있는 이유다.

하지만 40대는 다른 연령대보다 시간이 없다. 한창 일할 나이로 일에 쫓기다 보면 공부에 쏟을 시간이 모자라기 일쑤다. 당연히 많은 양의 정보를 암기할 수도 없다. 현실이 이러하니 눈에 보이는 정보를 모조리 습득하는 건 불가능하다. 정보의 용량을 줄이는 일, 다시 말해 정보 표적화가 다른 연령대에서보다 40대에게 훨씬 더 요구되는 건 이런 이유 때문이다.

모든 것을 외우지 않아도 목표를 달성할 수 있다는 점을 깨닫기 바란다.

목표가 자격 취득이나 승진을 위한 '시험' 인가? 전문 지식을 습득하거나 업무 능력을 향상시키기 위한 공부인가? 아니면 시험이나 업무상 목적이 아닌 '생활 학습'으로서의 공부인가?

목표가 무엇이 됐든 책 수십 페이지를 통째로 암기해서 읊을 일은 없다. 아주 특수한 경우를 제외하고 복사기와 스캐너 사용이 대중화된 지금의 환경에서는 수십 페이지나 되는 문장을 한 자 한 자 일일이 암기하는 수고를 사서 할 필요는 없다.

반드시 암기해야 할 건 단지 '요점' 뿐이다. 이를테면 '기초재정수지(PB · Primary Balance)'라는 용어를 봤을 때, 그것이 무엇을 의미하는지 알고 있다면 1단계는 정복한 셈이다.

고도의 지식이 요구되는 상황에서도 '기초재정수지 흑자 전환의 필요성을 주장하는 사람들의 논거', '흑자 전환의 근본적 불필요성을 주장하는 사람들의 논거' 등을 기억하고 자신의 말로 치환하여 설명할 수 있다면 대부분 상황에서 대응할 수 있다. 하나의 정보에 대해 수천 수만의 글자를 달달 외울 필요 없이, 요점을 암기해서 자신의 언어로 말할 수 있다면 그것으로 충분하다. 표현의

차이가 다소 있더라도 핵심을 전달할 수 있으면 된다.

이제부터는 암기할 중요 정보를 가늠하고 선별해서 제한된 시간 내에 공부 목표를 달성하자.

종착지부터 확인하라

암기해야 할 중요 정보를 선별하고 싶다면 종착지를 확인하는 단계부터 공부를 시작해야 한다. 공부의 종착지를 처음부터 인지하고 '어떤 지식이 필요하게 될지' 일차적으로 확인하여 정보 표적화를 계획한다.

시험을 대비한 공부라면 단연코 '기출문제'가 종착지다. 공부의 목적이 '어떤 논문이나 책을 읽는 것'이라면 그 논문이나 책이 종착지다.

일과 병행해서 행정서사 시험공부를 한 나 역시 처음 시작은 '기출문제 학습'이었다. 행정법 지식을 습득하고 싶어서 공부하기로 마음먹은 나는 그 즉시 자격증 취득을 목표로 공부에 돌입하여 2016년에 합격했다. 행정법은 그때까지 한 번도 공부한 적이 없었다. 미지의 분야이기는 했으나, 그럼에도 종착지인 기출문제에서 출발했다.

공부를 기출문제에서부터 시작하면 실제 시험에서 어떤 문제가 출제될지 사전에 파악할 수 있다. 사전 파악이 되어 있으면 출제 빈도가 높은 분야나 정보를 찾는 데 시간을 쓸 수 있다. 이것이 정보 표적화이며, 앞으로의 공부에서 시간을 허비하는 실수를 줄일 수 있다.

종착지(시험이라면 기출문제)는 1회만 매달려서는 효용가치가 없다. 사전 지식이 전혀 없는 상태에서도 최소 3~5회가량은 반복 학습을 해야 한다.

출제 유형과 빈도를 체크하라

사전 지식이 없는 상태에서 무턱대고 종착지를 확인한 것이므로 내용이 뚜렷하게 잡히지는 않을 것이다. 하지만 어떤 유형의 문제가 출제될지 가늠하는 단계이기에 내용 이해는 문제가 되지 않는다. 목표는 어디까지나 정보 표적화에 있다.

사전 지식 없이 시작한 종착지 확인 단계에서 정보를 압축하려면 정보의 등장 유형과 빈도에 안테나를 세워야 한다. 시험을 예로 들자면, 출제 유형과 빈도에 주목하라는 얘기다.

출제 유형을 보면서 정보가 '어떤 경향과 형식으로 출제되고 있는가'를 확인한다. 법률 시험이라면 조문 지식이 중시되는지, 판례 지식이 중시되는지 그리고 조문 지식은 조문 형태대로 출제되는지, 아니면 사례를 통해서 지식을 묻는지 체크한다.

또 다지선다형인지, 서술형인지 확인하는 단계도 이때다. 물론 출제 형식이 한 가지로 정해져 있지는 않다. 출제 형식은 두세 가지가 있고 이를 혼합한 문제가 나오기도 한다. 이 점만 알면 이후의 공부 방향은 정해진 거나 다름없다. 조문 지식 그대로 출제되는 빈도가 높다면 자연히 암기할 대상은 조문이 메인이 될 터다. 사례가 많다면 조문을 읽을 때도 끊임없이 '이 조문이 사례 문제로 출제된다면 답은 이렇게…' 하는 식으로 가시화해서 암기하는 게 효율적이라는 걸 알게 된다. 초기 단계에서 종착지를 보면 어디에 역점을 두고 공부하면 좋을지 판단이 선다.

출제 유형을 확인했다면 이번에는 출제 빈도를 확인할 차례다.

행정서사 시험을 준비할 때 나는 과거 1년 치의 기출문제만 훑은 데서 그친 게 아니라 10년 치를 5회가량 반복해서 풀었다. 왜냐하면 수년에 걸쳐 나온 문제를 섭렵하면 어떤 내용이 어떤 빈도로 출제되는지 한눈에 파악되기 때문이다. 또한 그것이 앞으로의 공부에 유용한 방향키가 되어주리라는 확신이 있었기 때문이다.

매년 출제된 내용이 있는 반면 단 한 번만 출제된 것도 있다. 최근 몇 년 새 연속 출제된 내용이 있는가 하면 수년 전까지 출제되다가 최근에는 모습을 감춘 것도 있다. 출제 가능성은 정보에 따라 각기 다르다.

출제 경향을 파악하면 가뜩이나 적은 공부 시간을 출제 가능성이 더 큰 분야에 할애할 수 있다. 출제 가능성이 큰 분야를 중점적으로 공략하여 최소 시간으로 최대 효과를 얻는 공부법이 바쁜 일상을 살아가는 40대에게는 꼭 맞는 맞춤형 공부법이다.

종착지에서 출발하는 발상은 전문 능력을 향상시키기 위한 논문이나 책 읽기에서도 똑같은 방식으로 전개된다. 기초지식을 쌓고 쌓아 마지막 고지에서 논문이나 책을 읽는 게 아니다. 첫 단계부터 종착지인 논문이나 책을 반복해서 읽는 가운데 중점적으로 암기해야 할 정보를 '가려내는 것'이다.

첫 단계에서 종착지를 확인할 때 반드시 체크해야 할 포인트가 있다. 바로 '전문용어'인데, 이 또한 명확하게 확인해야 할 정보다. 본문에 자주 등장하는 전문용어는 따로 표시해두었다가 얼마만큼의 빈도로 등장하는지 조사한다.

이런 식의 공부를 처음부터 해두면 기초부터 공부할 때도 어떤 정보를 암기해야 하는지 쉽게 판단이 선다. 교재에서 전문용어를 발견했을 때 '이 용어는 기출문제에서 여러 번 본 건데? 일단 외우는 게 좋겠군' 하고 인지하게 된다. 이는 정보 표적화로도 이어진다.

평소에도 종착지를 수시로 확인하라

일차적으로 종착지를 확인하고, 평소 공부할 때 집중해야 할 포인트를 처음부터 찾아내라는 이야기를 앞에서 했다.

그렇다면 공부를 '처음 시작할 때'만 종착지를 활용하면 될까? 아니다. 정보 표적화를 의식한 공부를 지속하려면 처음뿐만 아니라 이후의 공부에서도 종착지를 늘 의식해야 한다. 종착지를 확인하는 일을 한동안 멀리하면 표적화할 부분이 어디인지 잊어버리기 쉽다. 그러면 공부의 방향성을 잃고 중구난방이 될 수 있으므로 평소에도 종착지를 꾸준히 확인해서 중요한 부분을 놓치는 일이 없도록 주의한다.

평소 학습에서 일차적으로 해야 할 일은 이제부터 공부할 범위의 내용이 종착지에서 어떻게 등장하는지 확인하는 일이다. 이를테면 지금부터 행정수속법의 '불이익 처분' 분야를 공부한다고 하자. 교재의 해당 페이지를 기계적으로 읽어나가기 전에 이미 여러 차례 읽어둔 기출문제의 행정수속법 부분을 대강 훑어본다. 불이익 처분 분야에서는 무슨 내용이 어떤 식으로 출제됐는지 확인한 후 오늘의 공부를 시작하는 것이다.

여기서 중요한 건 확인은 '대강' 한다는 점이다. 어디까지나 오늘 공부의 메인은 기출문제가 아니라 교재이며, 기출문제는 확실한 정보 표적화를 위한 참고 자료일 뿐이다. 기출문제를 슬쩍슬쩍 넘기면서 '아, 이렇구나. 이런 식으로 출제되는구나' 하고 감을 잡을 수 있으면 그것으로 충분하다.

공부를 하는 와중에도 때때로 종착지에 눈길을 돌려보자. 행정소송법 교재에서 불이익 처분 부분을 읽는데 '청문' 이라는 단어가 나왔다고 하자. 여기서 다음 진도를 나가는 것도 좋지만, 종착지인 기출문제로 돌아가 출제 유형이나 빈도를 다시 확인하는 것도 좋은 방법이다. '교재 → 종착지 확인' 을 반복함으로써 종착지를 항상 의식하면서 공부할 수 있기 때문이다.

주장 · 결론과 핵심 문구에 주목하라

반드시 암기해야 할 정보를 표적화하는 방법은 종착지를 확인하는 방법 말고도 더 있다. 여기서는 정보를 압축하기 위해 책을 펼쳤을 때 우선 해야 할 일을 설명하겠다.

절대 해서는 안 되는 것은 책을 펼쳐서 첫 페이지 첫 줄부터 순서대로 읽는 것이다. 이런 헛수고만큼은 절대로 피하기 바란다.

첫 줄부터 읽는 게 아니라 시야를 넓혀서 이제부터 공부할 페이지를 듬성듬성 읽으며 '중요 부분'을 찾는다. 중요 부분이 포착되면 그곳에서부터 읽어간다. 책에서 중요 부분이란 일반적으로 '주장 · 결론'과 '핵심 문구에 이어지는 부분'을 말한다.

'주장 · 결론'을 먼저 확인하는 이유는 주장이나 결론을 미리 파악한 후 상세한 내용을 채워가면 세부 정보까지 머릿속에 수월하게 입력할 수 있어서다. 시험공부일 경우 종착지는 기출문제이며 거기에 주장이나 결론은 존재하지 않는다. 하지만 논문을 읽을 목적으로 하는 공부에서 종착지는 논문 자체이며, 논문에는 주장이나 결론이 중요한 요소다.

이를테면 경제 관련 책에 '디플레이션 탈출을 위해서는 리플레이션 정책이 필요하다'라는 주장 또는 결론이 제시됐다고 하자. 이 문구가 처음부터 머릿속에 입력돼 있다면 첫 줄로 돌아가 문장을 본격적으로 읽을 때 내용이 어떻게 전개될지 예측하면서 읽을 수 있다. '리플레이션 정책이란 게 뭐지? 디플레이션에 빠지면 왜 안 되는 거지? 리플레이션 정책으로 어떻게 디플레이션에서 탈출할 수 있을까?' 하는 식으로 뒤에 나올 해설을 예측하면서 읽어 내려가게 된다. 그 결과 세세한 내용까지 빈틈없이 흡수하여 별다른 어려움 없이 암기할 수 있다.

'핵심 문구'에 대해서도 주의를 기울이고, 그 문구에 이어지는 부분을 암기한다. 핵심 문구는 각 페이지에서 핵심이 되는 내용을 눈에 띄게 드러낸 표현을 말한다. 이를테면 '중요한 것은', '결론을 말하자면', '다시 말해', '즉' 등의 표현이 핵심 문구다.

이들 핵심 문구 뒤에는 중요 내용이 이어진다는 것쯤은 쉽게 상상이 갈 것이다. 그곳이 바로 암기해야 할 부분이다. 즉 핵심 문구는 암기해야 할 곳을 표시한 것이므로 여기에 조금만 주의를 기울이면 정보 표적화는 누워서 떡 먹기다.

책을 펼치면 먼저 책장을 사선으로 읽으면서 결론으로 연결되기 십상인 핵심 문구를 뽑아낸다. 그러고 나서 이어지는 내용에 형광펜 등으로 표시한다.

핵심 문구와 비슷한 이야기지만, '강한 표현'도 처음부터 확인해두면 좋다. 책에서 '절대로', '~해야 한다'와 같은 표현이 나왔다면 이와 관련된 내용 또한 중요한 것일 가능성이 크다. 교재를 훑어보는 단계에서 '강한 표현'도 주의 깊게 살펴 정보를 압축할 때 이정표로 삼으면 좋다. 첫 줄부터 차분히 읽을 때도, 문제집을 풀 때도 정보 표적화를 늘 염두에 두기 바란다.

공부할 때 반드시 실천해야 할 것은 암기해야 할 '키워드'를 고르는 일이다.

당연한 얘기지만, 정보가 문장 단위로 되어 있으면 암기하기가 어렵다. 두세 줄짜리라 해도 문장을 암기하는데는 누구나 애를 먹는다. 머릿속이 10세 미만의 아이 수준이라면 어떨지 모르겠지만 업무, 가사, 친목 등 여러 역할을 소화해야 하는 40대에게 그것은 힘 안 들이고 머릿속에 쏙쏙 저장할 크기는 아니다. 키워드를 뽑아 여기에 주력해서 암기하는 방법을 추천하는 이유다.

키워드로 축소해서 암기하는 방법은 연령을 불문하고 내가 늘 강조하는 사항이다. 그중에서도 40대는 특히 이 방법밖에 없다는 점을 명심하라고 말한다. 10~20대에 비해 시간이 없고 집중력도 대체로 저하되어 있기 때문에 적은 용량의 키워드로 정보를 압축해야만 명확히 암기할 수 있다.

키워드로 크기를 줄여서 암기하면 목표 대부분을 달

성할 수 있다. 시험을 예로 들면 키워드 자체를 묻는 문제가 나오는 건 물론이고, 서술이나 논술 같은 형식의 주관식 시험에서도 키워드마다 점수가 더해지는 게 일반적이기 때문이다.

범위를 좁혀서 암기하는 '키워드 암기법'

암기할 키워드를 추출하는 방법을 설명하겠다. 포인트는 철저한 '역산사고'다. 처음부터 종착지를 염두에 두면서 선정해야 할 키워드를 가늠하는 것이다.

앞서 이야기했듯이, 정보를 효율적으로 암기하려면 종착지에서 출발하는 것이 좋다. 종착지는 시험이라면 기출문제, 전문지식 향상을 위한 공부라면 읽고자 하는 논문이나 책이 된다. 우선은 종착지를 5회가량 읽어 머릿속에 확실히 자리 잡게 한다.

종착지를 반복해서 읽는 가운데 자주 등장하는 정보

가 있으면 따로 기록해둔다. 자주 등장할 정도로 중요하게 다룬 정보라면 반드시 암기해야 할 내용임을 잊지 않기 위해서다.

예를 들어 자격증 시험을 앞두고 지방자치법에 관한 공부를 한다고 치자. 일본에서는 어떤 도시가 '시'로 승격하려면 인구 '5만 명 이상'이라는 조건을 충족해야 한다. 기출문제집에 이 내용이 수차례 등장했다면 '5만 명 이상'이라는 정보는 암기해야 할 정보라는 얘기다.

경제 분야를 공부하는데 읽고 싶은 논문이나 책에서 'ROE'라는 단어가 계속해서 눈에 띄었다면 이는 암기해야 하는 중요 정보다. 반면 'IR'은 한두 차례밖에 나오지 않았다면 이 단어는 중점적으로 공부하지 않아도 되는 정보다.

나는 종착지에 거듭 등장하는 정보를 선별하는 작업을 철두철미하게 실천했다. 처음 기출문제 공부를 시작할 때부터 각각의 키워드가 얼마나 자주 중복되는지 기록했다. 구체적인 공부 방법은 다음과 같다.

과거 10년분의 기출문제를 엮은 문제집을 보면서 '이

정보는 다른 문제집에서도 본 것 같은데?' 하고 자문자답하면서 읽는다. 예컨대 지금 읽고 있는 기출문제집에서 시로 승격하려면 인구 '5만 명 이상'이 되어야 한다는 정보가 나왔다면, 먼저 읽은 문제집에서 '5만 명 이상'이라는 정보를 본 적이 있는지 생각을 떠올려보는 것이다.

중복해서 등장하는 게 확인된다면 그 키워드를 기록해둔다. 메모 수첩에 적어도 좋고 노트에 정리해도 좋다. 주의할 점은 가능한 한 시간을 들이지 않는 것. 기록은 '작업'적 요소가 강한 행위인데 그런 시간은 최소화해야 하기 때문이다. 자기만 아는 약자를 사용하거나 휘리릭 갈겨쓰거나 하는 등으로 시간을 덜 들일 방법을 찾자.

키워드를 기록할 때 해야 할 일이 하나 더 있다. '몇 번 등장했는지' 횟수도 기록하는 것이다. '5만 명 이상'이라는 키워드가 나올 때마다 '正' 자로 등장 횟수를 표시한다.

종착지 공부가 대강 끝나면 출현 횟수가 많은 키워드

부터 순서대로 정복해나간다. 본격적으로 교재를 읽을 때, 많이 등장한 키워드 부분부터 내용을 체크해가는 것이다.

하루를 마무리할 때 그날의 키워드를 복습한다

키워드로 압축만 해서는 의미가 없다. 암기를 위해 선별한 키워드이므로 지식의 형태로 머릿속에 확실히 자리 잡게 하지 못하면 아무런 의미가 없다.

정보 표적화를 하는 이유는 공부할 때 '선택과 집중'을 하려는 데 있다. 40대는 공부에 할애할 수 있는 시간이 많지 않기에 암기할 대상을 명확히 가시화해서 거기에 시간을 쏟아부어야 한다. 시간을 쏟아붓는 방법은 그 정보를 반복해서 접하는 것이다. 몇 번이고 정보를 접함으로써 기억을 강화해가는 것이 무엇보다 중요하다.

하루를 마무리할 때 그날 공부한 키워드를 다시 떠올

리는 습관을 생활화하자. 그날 암기한 정보를 잠들기 전에 한 번 더 보고 확인하는 것이다. 이런 방법으로 정보를 접하는 횟수를 늘릴 수 있다.

잠들기 전에 키워드를 확인하는 방법은 간단하다. 정보를 접하는 횟수를 늘리는 것이 목적이므로 시간을 덜 들일수록 좋다. 순서는 다음과 같다.

첫째, 메모지를 펼쳐 거듭 등장하는 키워드를 읽는다.

둘째, '正' 자 표시가 많은 것부터 순서대로 그 키워드의 의미를 설명해본다. 예컨대 'ROE는 무엇을 의미했었지?' 하고 기억을 떠올려보는 것이다. 선명하게 떠오르는 키워드라면 문제가 되지 않는다. 그에 반해 의미가 잘 떠오르지 않는 키워드에 대해서는 대책이 필요하다.

셋째, 본 교재로 돌아가서 잘 떠오르지 않는 키워드의 의미를 다시 한번 확인한다. 그리고 그 페이지에는 표시를 해둔다.

넷째, 아침에 일어났을 때 전날 밤 생각나지 않았던 키워드를 다시 한번 떠올린다. 기억이 떠오르지 않는다면 교재의 표시된 페이지를 펼쳐 의미를 확인한다. 즉,

'잠들기 전에 키워드를 떠올린다 → 생각나지 않는 키워드를 교재에서 확인한다 → 아침에도 확인한다' 이런 반복 학습으로 확고한 지식을 구축할 수 있다. 불과 이틀이라는 짧은 시간 동안 정보를 접하는 횟수를 단계마다 늘려갔기 때문이다.

시간이 없는 40대는 '선택과 집중'이 무엇보다 중요하다. 제한된 시간을 선정한 정보에 반복 투여함으로써 중요한 부분부터 확실하게 암기해나가자.

한 덩어리로 암기하는 '순서도 암기법'

여기까지 읽고 '내 목표는 키워드 암기만으론 달성할 수 없어', '단어 수준이 아닌 문장 단위의 정보도 암기하고 싶은데 어떡하지?' 하고 생각하는 독자도 있을 것이다. 암기한 내용을 사람들 앞에서 발표하거나 논문 시험을 치르기 위해 내용의 흐름을 외워야 하는 경우도 있으니 말이다. 이런 목표는 키워드만이 아니라 '이야기의 전개'까지 암기해야만 이룰 수 있다.

지금부터는 이야기의 전개를 온전히 암기하는 방법을 소개하겠다. 문장의 기본이 되는 정보를 '순서도'로 정리해서 암기하는 방법이다. 먼저 문장 속 키워드를 선정한 뒤, 그 키워드를 축으로 이야기의 전개를 그림이나 기호로 변환하여 암기한다.

구체적인 예를 하나 들어보겠다. '돈'을 주제로 다수의 책을 집필한 야마자키 하지메의 글이다.

돈에 대한 불안을 없애려면 무엇보다 '현상 파악'이 우선이다. 노후 자금은 얼마나 필요하며, 필요한 만큼의 노후 자금을 마련하려면 저축은 얼마나 해야 하는지 따져봐야 한다. 그런 식의 미래 계산이 가능하면 괜한 불안에 마음 졸이는 일도 사라질 것이다.

거기에 더해서 여유 자금을 안전하게 운용하는 방법도 모색해야 한다. 하지만 사람들은 대부분 '자금을 운용하지 않으면 미래에 쓸 돈이 부족하다'라는 금융기관의 상술에 넘어가 원금 손실 가능성이 큰 고위험 금융상품에 손을 댄다.

—《100세 시대에 필요한 인생의 기본공식》 중

다섯 문장밖에 되지 않으니 읽기만 한다면 크게 문제
가 되지 않지만, 이를 통째로 암기하기에는 상당한 정보
량이다. 이런 때는 정보를 압축해서 머릿속에 입력하기
쉬운 형태로 변환하여 암기한다. 바로, 순서도를 만드는
것이다.

이 글을 순서도로 만들면 〈그림 3〉과 같다.

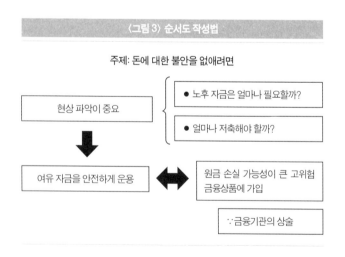

〈그림 3〉 순서도 작성법

주제: 돈에 대한 불안을 없애려면

현상 파악이 중요
- 노후 자금은 얼마나 필요할까?
- 얼마나 저축해야 할까?

여유 자금을 안전하게 운용 ◄► 원금 손실 가능성이 큰 고위험 금융상품에 가입

∵금융기관의 상술

〈그림 3〉과 같은 순서도라면 암기하는 데 별 어려움이 없을 것으로 생각한다. 이야기의 전개가 그림으로 표현되어 시각적 암기가 가능해졌기 때문이다. 이름은 잊어버렸는데 얼굴이 생생하게 기억나는 경우가 있듯이 그림 형태로 만들면 머릿속에 쉽게 저장된다.

순서도를 만들 때 가장 먼저 할 일은 자기만의 규칙을 정하는 것이다. 나는 이야기의 큰 흐름은 위에서 아래로 전개한다. 상세 내용은 왼쪽에서 오른쪽으로 전개한다. '•'는 정보가 병렬 관계임을 나타내고 '↔'는 역접을 의미하며 '∵'는 이유를 표시한다. 이처럼 떠올리기 쉬운 기호를 사용해서 순서도를 작성하기에 기호만 봐도 흐름이 눈에 띈다.

이런 식으로 외워두면 나중에 정보를 떠올릴 때도 아주 쉽다. 마음속으로 순서도를 그리면서 각 부분의 키워드를 소환하면 되기 때문이다.

이 암기법으로 한 글자, 한 문장을 정확하게 암기할 수는 없다. 하지만 통째로 외운 정보를 고스란히 옮겨 적는 상황이 흔히 발생하는 건 아니므로 크게 염려하지 않아도 된다. 대부분은 키워드를 근거로 기억해내 자신의 말로 표현할 수 있으면 그것으로 충분하다. 암기하고자 하는 정보가 있다면 정보 그대로를 순서도로 변환하는 방법을 사용해보자.

순서도를 빠르게 그리는 방법

순서도는 해당 정보의 바로 옆에 그린다. 이렇게 해두면 언제든 순서도와 원본을 비교하면서 공부할 수 있다.

서술형 시험을 준비하기 위해 문제집을 푸는 중이라면 답안지에 순서도를 그린다. 각 페이지에 순서도를 그려 넣은 후 자주 읽으면서 내용을 암기한다. 하루를 마무리할 때 답안지에 그려둔 순서도를 슬쩍 훑기만 해도 상당히 많은 양을 암기할 수 있다.

그런데 여기서 한 가지 문제가 발생한다. 순서도를 꼼꼼히 만들자면 시간이 적잖이 든다는 것이다. 여유 시간이 충분한 학생이라면 시간이 좀 걸려도 문제가 되지 않는다. 하지만 늘 시간 부족에 허덕이는 40대는 어떻게든 순서도 작성 시간을 줄여야 한다.

순서도 작성 시간을 줄이는 요령은 이렇다. 앞의 순서도를 응용한 방법인데, 암기하고자 하는 정보를 문장 안에 직접 표시하는 식으로 '유사 순서도'를 만드는 것이다. 앞의 인용문을 다시 한번 예로 들면, 〈그림 4〉와 같다.

〈그림 4〉 간단 순서도 작성법

주제

돈에 대한 불안을 없애려면 무엇보다 현상 파악이 우선이다. 노후 자금은 · 얼마나 필요하며, 필요한 만큼의 자금을 마련하려면 저축은 얼마나 해야 하는지 따져봐야 한다. 그런 식의 미래 계산이 가능하면 괜한 불안에 마음 졸이는 일도 사라진다.

거기에 더해서 여유 자금을 안전하게 운용하는 방법도 모색해야 한다. 하지만 사람들은 대부분 '자금을 운용하지 않으면 미래에 쓸 돈이 부족하다'라는 금융기관의 상술에 넘어가 원금 손실 가능성이 큰 고위험 금융상품에 손을 댄다.

교재나 책을 읽는 중에 암기할 정보가 보이면 문장 안에 유사 순서도를 그려 넣는다. 먼저 키워드를 상자로 묶는다. 이야기 전개를 나타내는 기호 '↔' 등을 문장 안에 직접 표시하는 방식으로 순서도를 간단하고도 빠르게 그릴 수 있다.

40대는 시간이 없다. 문장을 순서도로 만들어 암기할 때도 최소 시간을 투자해서 최대 효과를 거두는 방법을 찾자.

'답·왜·즉'으로 정리해서 암기하는 '3점 암기법'

순서도를 그려서 암기하는 방법은 정보를 '그림'으로 암기하는 방법이기도 하다.

본래 인간은 문자 정보보다 화상 정보를 더 쉽게 기억하는 경향이 있다. 이해하기 쉬운 예로 어제 처음 만난 사람의 얼굴(화상 정보)은 생각나는데 이름(문자 정보)이 도

무지 떠오르지 않는 경우를 들 수 있다.

그러니 문자 정보일지라도 화상 형태로 변환할 수 있다면 계속 그런 방식으로 암기해야 한다. 나는 '3점 암기법'을 추천한다.

3점 암기법은 문자 정보의 세 가지 요소를 뽑아서 삼각형 형태로 치환하여 암기하는 방법이다. 이렇게 하면 정보가 '그림'으로 변환돼 확고한 기억을 만들 수 있다.

3점 요소란 '답(암기하고자 하는 정보)', '왜(그 이유)', '즉(기억해내는 단서)'을 말한다.

한 가지 예를 들어보겠다. 민법의 상속에 관한 내용을 공부 중이어서 다음 제시한 정보를 암기하려 한다고 하자.

제3순위의 상속인인 형제자매는 유류분이 인정되지 않는다.

유류분(遺留分)이란 간단히 말하면 상속인에게 인정된 최소한의 상속분을 말한다. 민법상 유류분이 인정되는 상속인은 직계존속(배우자, 자녀 등)이며, 형제자매는 대상이 아니다. 형제자매는 고인과 가까운 존재라고 할 수 없기 때문이다. 즉, 고인의 직계가족이 아니기 때문이다.

앞에서 제시한 정보를 암기할 때는 중요한 정보(답) 자체만이 아니라 그 이유(왜)도 세트로 묶어서 암기해야 한다. 이유를 세트로 묶어서 암기하면 설사 중요한 정보를 잊어버렸다 하더라도 역산해서 더듬어가면 기억이 되살아나는 경우도 있기 때문이다. 또 하나의 팁은 중요한 정보를 기억해내는 단서(즉)도 함께 암기해두라는 것이다. 그러면 필요할 때 매우 유용하게 써먹을 수 있다.

3점 암기법의 구체적인 암기 방법은 다음과 같다.

확실한 암기를 원하는 정보가 있다면 3점으로 구성된 삼각형을 그린다. 맨 위 꼭짓점에는 암기하려는 정보(답)를, 왼쪽 아래 꼭짓점에는 그 이유(왜)를, 오른쪽 아래 꼭짓점에는 기억해내는 단서(즉)를 써넣는다.

어려운 건 '기억해내는 단서(즉)'인데 몇 가지 방법이 있다.

하나는 '구체화'다. 자신에게 형제자매가 있다면 그의 이름을 넣어서 'ㅇㅇ는 유류분 없다'라고 써넣는다.

3점 암기법이란?

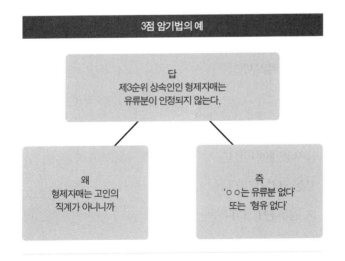

정보의 요점을 '그림' 으로 시각화해서
잊어버리지 않게 각인한다.

3점 암기법의 예

답
제3순위 상속인인 형제자매는
유류분이 인정되지 않는다.

왜
형제자매는 고인의
직계가 아니니까

즉
'○○는 유류분 없다'
또는 '형유 없다'

구체적인 이미지와 한 세트로 묶어서 암기하면 기억을 떠올릴 때 유리하다.

'나만의 약자'를 써넣어도 좋다. 예컨대 '형제자매는 유류분이 없다'라는 문장이 있다면 단어의 첫 자를 따서 '형유 없다'라고 해도 된다.

암기하고자 하는 정보 바로 옆에 '답·왜·즉'의 삼각형 그림을 메모하고 꾸준히 외운다. 문자를 그림으로 시각화하여 기억을 강화하는 것이다.

베스트셀러를 선택한다

앞서 정보 표적화를 위한 독서법을 설명했다. 정보를 압축하는 방법은 책을 읽기 전부터 모색한다. 즉, 책을 선택하는 단계부터 정보 표적화를 염두에 두어야 한다는 얘기다.

어떤 정보를 암기해야 할지 정하려면 최대한 '베스트셀러'를 선택하는 것이 좋다. 인기 없는 책보다 인기 있는 책, 많이 읽히지 않는 책보다 많이 읽히는 책을 고르면 정보를 합리적으로 압축할 수 있다.

베스트셀러에서 골라낸 정보를 압축하는 것이 합리적인 이유는 다음과 같다.

첫째, 베스트셀러는 '주장ㆍ결론'에 해당하는 부분을 찾기 쉽다.

앞서 설명했듯이, 주장과 결론을 공부 시작 단계부터 인지하고 그것을 염두에 두고 문장을 읽어나가면 쉽게 암기된다. 첫째 줄부터 읽어 내려갈 때 주장ㆍ결론과 연계해서 읽으면 이해도 쉽게 된다.

베스트셀러에서 주장과 결론을 골라내기가 쉬운 이유는 '리뷰'가 많아서다.

지식 습득을 목적으로 책을 읽을 계획이라면 책 자체보다 리뷰를 먼저 훑어보는 방법을 권한다. 리뷰에는 저자의 주장이나 결론, 책의 줄거리가 소개돼 있어서 이를 미리 읽어두면 책을 본격적으로 읽을 때 내용이 머릿속에 쏙쏙 들어온다.

요즘은 인터넷에서 책 제목과 함께 리뷰를 검색하면

간단하게 찾을 수 있다. 좀더 손쉽게 조사하고 싶다면 인터넷 서점 '독자 리뷰' 코너를 참고하는 것도 하나의 방법이다. 인기 있는 책, 많이 읽히는 책에는 리뷰 또한 많이 달려 있다.

리뷰는 3~5개 정도를 참고한다. 개중에는 편파적인 것도 있기 때문이다. 리뷰를 쓰는 사람이 누구냐도 중요하다. 예를 들어 아마존이라면, '베스트 리뷰어'의 의견이 일반 독자의 리뷰보다 참고가 된다고 할 수 있다.

리뷰를 읽을 때는 책에서 소개하는 '정보의 핵심'이 무엇인지 생각하며 읽는 게 매우 중요하다. 이를테면 일본 경제사를 공부하고 있으며, 전 내각총리대신 다카하시 고레키요의 공적에 대한 지식을 습득하려 한다고 치자. 먼저 책의 리뷰를 읽는다. 읽는 도중 '러일전쟁 당시 다카하시 고레키요가 군비 조달에 성공한 것은'이라는 구절이 자주 눈에 띈다면 그것이 '핵심'이라고 생각할 수 있다. 그러면 이 점을 염두에 두고 책을 읽어 내려간다. 이렇게 하면 책을 읽는 내내 핵심을 생각하게 되므로 요점을 집어내기가 쉬워진다.

둘째, 베스트셀러로 공부하면 아웃풋 단계에서 남들은 아는 걸 나만 모르고 있는 오류를 범할 우려가 적다.

당연한 말이지만 베스트셀러는 많은 사람이 읽는 책이다. 그 책으로 공부하는 사람이 많기 때문에 거기 실린 정보를 많은 사람이 알고 있으며, 동시에 그 책이 다루지 않은 정보라면 많은 사람이 모르고 있다.

공부할 때 참담한 건 '모두가 알고 있는 걸 나만 모르는 상태'다. 모두가 모르는 걸 나만 알고 있다면 어깨가 으쓱해질 일이지만, 이는 모두가 알고 있는 사실을 나만 모르는 일은 없다는 사실이 전제되어야 한다. 베스트셀러로 정보를 열심히 수집하면 모두가 알고 있는 걸 나만 모르는 상황에서 벗어날 수 있다. 그러므로 대다수의 사람이 선택한 책이 공부에도 유리한 것이다.

두꺼운 책보다 얇은 책을 고른다

정보를 압축했다면 그 압축한 정보를 반복해서 접하는

게 중요하다. 천재가 아닌 이상 한두 번만 보고 암기할 순 없다. 나도 암기하고자 하는 정보는 몇 번이고 반복에 반복을 거듭해 읽는다. 40대는 특히 더 반복해서 외우고 외워야 한다. 이제는 10대 때와 같은 집중력이 없다고 느끼는 연령대인 만큼 기억을 강화하려면 정보를 반복해서 읽어야 한다. 그런데 정보를 반복해서 접하려면 공부 대상은 어떻게 선정하는 게 좋을까? 여기서는 '책'으로 공부할 때를 상정하고 선정 방법을 알아보기로 한다.

공부를 위한 책은 '많이 읽히는 책'이면서 두께가 '얇은 책'이 좋다. 상세한 내용까지 촘촘하게 다룬 전문서보다 지면이 적은 책을 선택하는 것이다. 지면이 적은 책에 보다 많은 중요 정보가 농축되어 있을 가능성이 크다고 할 수 있기 때문이다. 그런데 거의 전문가적인 지식만 모아놓은 얇은 책은 드물고, 대부분은 중요사항을 해설하는 데 치중하는 경향이 있다.

여기서 중요한 건 중요사항을 '해설'하는 데 치중한 다는 부분이다. 정보를 압축한다는 것은 중요사항에 집중해서 공부한다는 의미다. 그런데 해설하는 내용을 이해하기 위해 책 귀퉁이에 숨은 세세한 정보까지 공부해야 한다면 효율이 떨어질 수밖에 없다. 그런 부분까지 모조리 외워도 시험에서 높은 점수를 얻기는 어려우며, 비즈니스 현장에서도 단지 잡다한 지식이 많다는 정도로만 인식되기 십상이다.

얇은 책으로 공부하면 자연스럽게 중요사항에 집중할 수 있다. 스스로 정보를 선별하지 않아도 되니, 공부를 시작한 지 얼마 되지 않았다면 더더욱 얇은 책으로 시작하는 게 좋다.

평생 학습을 위해서라면 '총서'를 읽을 것을 추천한다. 총서는 얇고, 근본적으로 가볍게 읽을 수 있도록 집필된 책이므로 대체로 저자가 기본적인 내용을 소화한 후 핵심을 짚어준다. 예컨대 조세피난처에 대해 공부하려고 마음먹었다면 그 주제를 다룬 총서를 찾아 전문서를 읽기 전 입문서로서 읽는다.

그리고 가능하다면 '3권'을 동시에 읽는 방법을 추천한다. 1권 또는 특정 저자의 책만 고집하면 내용이 편중될 우려가 있기 때문에 각기 다른 저자의 책 3권을 동시에 읽는 것이 좋다.

총서를 읽을 때는 3권 모두에서 공통으로 다루는 정보에 주목한다. 예컨대 조세피난처를 다룬 총서를 읽는데 'OECD 모델 상세조약'에 관한 해설이 3권 모두에 실려 있다면 그것은 뽑아내야 할 정보이다. 저자도 다르고 출판사도 다른 책 3권 모두에 실린 내용이라면 그것은 '핵심 정보'일 가능성이 크다. 다시 말해 암기해야 할 정보이며 지식으로서의 가치도 있는 정보다.

그런데 시험을 위한 공부라면 얇은 책 1권으로도 충분하다. 목표가 확실한 데다 얇은 책이 소개하는 내용은 대체로 같기 때문이다. 수험생이 주로 보는 베스트셀러를 선택해서 그 책에 실린 내용을 모두 외워버린다는 자세로 공부해보자.

두꺼운 책에서 정보를 압축하는 요령

깊이 있는 지식을 얻으려 한다면 '얇은 책'만으로는 부족하다. 이런 상황에서는 '베스트셀러'라는 기준을 따르면서 '두꺼운 책'에도 시선을 돌릴 필요가 있다.

두꺼운 책의 독서법을 살펴보자. 40대가 두꺼운 책을 성실하게 정석대로 읽는다면 어김없이 시간 부족이라는 문제에 직면하게 될 것이다. 따라서 시간이 걸리는 부분을 표적화하여, 한정된 시간을 특정 부분에 투자해야 한다.

얇은 책에서 봤던 내용은 두꺼운 책에서는 읽지 않는 것이 핵심이다.

책은 첫 페이지 첫 줄부터 읽는 게 정석이라는 관념에 사로잡혀 있는 사람이 많은데, 꼭 그렇진 않다. 첫 글자부터 정직하게 읽는 방법은 시간이 많은 학생들에게나 어울릴 뿐 40대에게는 해당하지 않는 독서법이다.

바쁜 사람에게 특화된 독서법은 알고 있는 정보는 건너뛰고 모르는 정보만을 편식하는 것이다.

건너뛰어도 되는 이유는 두꺼운 책의 성질에 있다. 두꺼운 책은 그 분야의 '전부'를 망라하도록 구성되어 있는 경우가 많다. 기초부터 응용까지 수많은 정보가 수북이 담겨 있다. 수북이 담긴 정보 가운데 기초적인 사항은 얇은 책으로 이미 공부했을 테니 그 부분은 제외하는 방법이 있을 수 있다. 제외할 수 있다면, 읽을 분량이 그만큼 줄어든다.

이미 알고 있는 기초사항을 건너뛰는 방법은 목차부터 읽는 것이다. 책을 펼쳐서 목차를 대강 훑어보면서 기존에 공부한 항목을 탐색한다. 먼저 각 장의 제목에 주목하자. 얇은 책으로 확실하게 익힌 내용을 다루고 있다면 그 항목은 건너뛴다. 물론 그 항목에 원하는 정보가 담겨 있을 가능성도 있다. 하지만 그렇게 되면 불필요한 다른 정보까지 읽어야 하므로 공부할 양이 늘어난다. 과감하게 포기하고 시간을 절약하자.

난감한 건 제목만 봐서는 이미 아는 내용인지 아닌지 판단할 수 없는 경우다. 제목으로 판단할 수 없다면 그 항목을 몇 줄씩 듬성듬성 읽어본다. 나는 서문을 몇 줄 읽고 몇 줄 건너뛰어 또 몇 줄 읽기를 반복하면서 본문으로 이동한다. 듬성듬성 읽다가 필요한 정보라고 판단되면 그 항목의 처음으로 돌아가서 이번에는 첫 줄, 첫 글자부터 정독한다.

책이 두꺼운 만큼 여러 방법을 연구해 읽는 범위를 줄이고 시간 낭비를 없애자. 즉, 두꺼운 책을 일반 책 두께로 재구성해서 단시간에 효율적으로 읽는 것이다.

'만약에 증후군'을 조심하라

정보 표적화를 이야기할 때 이 내용을 빼놓을 수 없다. 40대는 정보 표적화와 정반대의 공부 스타일에 빠지기 쉽다는 것이다. 앞서 암기의 함정에서도 짚었듯이, '의식이 불필요한 곳으로 향한다'라는 점이 그것이다. 불필요한 것에 의식을 쏟기 때문에 정작 중요사항에 할애할 시간이 부족해진다.

이는 10~20대보다 40대에서 더 뚜렷이 나타나는 현상이다. 한마디로, 40대는 생각하지 않아도 되는 쓸데없는 것에 시간을 허비하는 경향이 있다. 이는 표적화와는 정반대의 길을 가는 것이므로 즉시 바로잡아야 한다.

이를테면 민법 공부를 한다고 치자. 임대차계약 부분

을 공부하는 단계에서 다음의 정보는 반드시 암기해야 한다.

임대 중인 물건을 임대인이 매도했다면 임대료 반환 책임은 새로운 임대인에게 승계된다.

예컨대 A가 B에게 원룸을 임대했다고 하자. 임대 중일지라도 A는 C에게 원룸을 매도할 수 있으며 이런 식의 부동산 거래는 흔히 있는 일이다. '매매로 인한 소유권이전 등기 완료'라는 거래로, 입주자(임차인)가 존재하는 상태에서 부동산을 매도하여 소유자가 바뀌는 것을 말한다. 이후 B가 임차 기한이 차서 이사할 때는 전세보증금을 돌려받아야 하는데, 전세보증금 반환 의무가 있는 쪽은 새로운 소유자인 C다. 민법상 임대차계약 분야를 공부한 적이 있는 사람이라면 한 번쯤은 들어본 적이 있는 내용일 것이다.

제한시간 안에 민법 지식을 습득하고 싶다면 이 정보를 그대로 암기해야 한다. 그런데도 사고의 날개를 펼쳐서 불필요한 사항에 집중하는 사람이 많다. '만약에'를 외치는 마음의 소리를 따라 머릿속에서 점점 더 엉뚱한 방향으로 생각을 몰고 간다. 이름하여 '만약에 증후군' 이다.

앞서 본 임대차 관계의 사례에서라면 예컨대 이런 것이다. '만약에 A와 C 사이에서 성립된 부동산 거래가 무효라면, C가 B에게 내준 전세보증금은 어떻게 되지?', '만약에 C가 전세보증금을 B에게 지급하지 않았을 경우 B는 전 임대인 A에게 전세보증금 반환 청구를 할 수 있을까?' 이런 식으로 새로운 논점을 찾아서 생각에 생각을 보태간다. 멋대로 가정을 세우고 전제를 변경하는 등 '만약에 ~라면'이라는 생각이 끝도 없이 꼬리를 문다. 이것이 바로 '만약에 증후군'이다.

거듭 말하지만, 이는 젊은 층에서는 거의 찾아볼 수 없는 성향이며 40대 이후 연령대에게 유독 심하게 나타난다. 다양한 사고를 하는 건 무척 유익한 일이고, 평소 사고하는 습관을 지니고 있으면 좋다. 비즈니스 세계는 이른바 '정해진 답이 없는 세계'이며 항상 두뇌를 갈고

닦아야 하는 곳이기 때문이다.

하지만 때와 장소를 고려해야 한다. 공부에는 지식을 받아들이는 단계와 받아들인 지식을 활용하는 단계가 있다. 학습 효과를 최대화하려면 받아들이는 단계에서는 받아들이는 행위에 집중해야 한다. 40대의 '만약에 ~라면' 사고는 받아들이는 단계를 무시하고 지식 활용 단계로 대뜸 진입한 거나 마찬가지다. 이러면 하고자 하는 일이 뒤죽박죽되어 중요한 정보를 암기하는 일에 집중할 수 없다. 정보 표적화와는 정반대의 길로 치닫는 것이다.

'만약에 증후군'을 극복하는 방법

단시간에 암기하고 싶다면 '만약에'는 봉인하자. '만약에'를 시작하면 사고가 자유로워져 재미가 붙고 공부했다는 느낌이 드는 건 사실이다. 하지만 지금은 지식 수용 단계임을 똑똑히 의식하고 눈앞에 놓인 정보를 암기하는 데 집중하자.

공부를 할 때 눈앞에 놓인 정보에서 벗어나 생각이 엉뚱한 곳으로 치달으면 사고의 궤도를 수정하여 눈앞에 놓인 정보를 암기하는 현실로 돌아와야 한다. 그러려면 '궤도 수정 명령'을 미리 준비해두는 게 편리하다.

가장 간단한 명령은 자기 자신에게 주문을 거는 것이다. 책을 읽는 도중 잡념이 끼어들면 마치 주문을 외듯 '책 내용에서 이탈하지 않는다, 이탈하지 않는다, 이탈하지 않는다'를 소리 내어 세 번 외친다. 미리 준비해둔 궤도 수정 명령을 이용해서 의식이 즉각 암기 상태로 전환되게 하는 것이다.

40대가 당장 암기해야 할 정보 이외의 것으로 자꾸 사고의 방향을 돌리는 데에는 뚜렷한 이유가 있다. 학원에서 수많은 직장인 수험생을 지도한 경험으로 알게 된 사실이다. 괜한 데로 자꾸 사고가 흐르는 건 비즈니스 세계에서 살아남는 법을 공부에도 응용하기 때문이다. 인생을 40년 이상 살았다는 것은 사회 경험을 20년 이상 했다는 말이며, 더러는 30년 가까이 경력을 쌓은 사람도 있다.

그런 정도의 경험치가 있으니 변화무쌍한 비즈니스 환경에서 살아남는 법을 익히 알고 있을 것이다. 앞서 언급했듯이 비즈니스 세계는 '정해진 답이 없는 세계'이며 '정답'이 있더라도 수시로 변화하는 세계다. 이런 세계에서 살아남으려면 상황에 맞는 임기응변 능력이 매우 중요하다. 40대는 그야말로 생존 투쟁을 하는 중이며, 미래의 미래를 읽기 위한 '만약에' 사고를 항상 작동하고 있다. 그런데 공부에 이런 발상을 적용하면 십중팔구 '만약에 증후군'에 빠진다.

공부는 최소한의 지식을 습득하지 않으면 시작조차 할 수 없다. 지식을 수용하는 단계에서 눈앞에 주어진 정보가 아닌 선까지 사고의 범위를 확대하는 건 난센스임을 분명히 인식해야 한다. 눈앞의 정보를 암기하는 데 온 신경을 집중하자. 사고는 중요 정보를 암기한 후 얼마든지 할 수 있으니까. 정보를 선별하고, 제한된 시간을 암기해야 할 정보에 투자하는 정보 표적화를 명심하기 바란다.

3장

제한시간 내에
성과를 내는
초고속 암기법

공부를 하고 싶어도 시간이 없다

—

40대를 고전하게 하는 암기의 함정은 시간이 없다는 데 주된 원인이 있다. 그런데도 대부분 단시간에 암기할 수 있는 방법을 활용해서 공부하고 있지 않다.

공부하고 싶어도 시간이 없는 것은 어떤 의미에서는 어쩔 수 없는 요소다. 사정은 제각각이지만 40대는 대부분 일을 하고 있고, 그들 중 상당수가 중간관리직으로서 부하직원을 관리하고 있다. 대부분 자녀가 있으며 육아에 한창 손이 가는 시기다. 그러니 시간이 여유로울 턱이 없다.

그럼에도 자기 투자인 공부를 하고 목표를 달성하기 위해서는 어느 정도 시간을 확보해야 한다. 효율적인 암기법을 알고 있다 할지라도 실제로 그 암기법을 사용해서 공부하지 않으면 효과는 나오지 않는다.

문제는 시간 부족이라는 장벽을 어떻게 넘느냐. 이 장에서는 시간이 없는 가운데 어떻게 하면 정보를 머릿속에 효율적으로 인풋할 수 있을지 그 방법을 전수하려

한다. 책상 앞에 앉기에 앞서 학습 환경 정돈법을 알아
보자.

일단 현실을 받아들인다

공부하고 싶은데 시간이 없다! 바쁘지만 어떻게든 지식
을 습득해서 성과를 내야 한다! 이렇게 애면글면하는 이
들에게 하고 싶은 정말 중요한 말이 있다. 먼저 현실을
받아들이라는 것이다.

공부 시간을 부족하게 하는 원인은 한둘이 아니지만
그중에서도 업무가 가장 큰 비중을 차지한다. 전일제 근
무를 하는 직장인은 하루 대부분 시간을 일에 바칠 수밖
에 없다. 출퇴근에 들어가는 시간이나 야근 시간, 업무
가 끝난 뒤 갖는 회식 시간까지 생각하면 아침 8시부터
밤 8~9시까지(때에 따라서는 밤 10시나 11시까지) 일을 한다
고 해도 틀린 말은 아니다. 깨어 있는 시간 대부분이 업
무에 사용되는 셈이다.

심지어 업무의 영향은 업무가 끝난 후에도 끝날 줄 모른다. 하루의 일과가 끝난 뒤 공부를 하려 해도 몸은 이미 기진맥진, 책상 앞에 앉으려 하면 피로가 발목을 잡는다. 그야말로 업무가 당신을 공부에서 멀어지게 한다 해도 과언은 아니다.

그런 상황에 놓인 당신에게 나는 이렇게 말해주고 싶다.

"업무로 시간이 없는 건 어쩔 수 없는 일입니다. 현실을 인정하십시오."

일은 당신과 당신의 가족을 지탱하는 생활의 기반이기에 그만둘 수는 없다. 이직은 물론이거니와 업무에 쏟는 에너지를 아껴 공부할 체력을 비축하고, 상사의 야근 지시를 거부하고 칼퇴근해서 공부한다는 건 상상도 못할 일이다.

일이 생활의 기반을 이루고 있다는 현실을 받아들이는 수밖에 없다. 바쁜 업무 중에도 성실히 공부해서 목표를 이룬 사람이 있지 않은가. 일은 지금까지와 마찬가지로 해나가면서 일과 공부의 양립을 목표로 해야 한다.

—

현실을 받아들이게 되었다면 당신의 머리에 '공부 뇌' 를 장착하고 발상을 전환하기 바란다. 시간이 없다면 오히려 '없는 편이 낫다' 며 마음을 비우는 사고방식은 매우 요긴하다. 이는 긍정적 생각과는 다른 개념이다.

'파킨슨의 법칙' 에 대해서 들어본 적이 있을 것이다. 영국의 역사학자이자 정치학자인 노스코트 파킨슨(C. Northcote Parkinson)이 《파킨슨의 법칙》이라는 책에서 주창한 것이다. 파킨슨의 법칙에 따르면 '업무량은 그 업무의 완성을 위해 주어진 시간이 전부 소진될 때까지 팽창' 한다.

당신도 공감하는 면이 있을 것이다. 신입사원 시절로 거슬러 올라가 보자. 출근을 했는데 별다른 업무가 없던 터에 상사로부터 단순 작업 지시가 내려왔다고 하자. 이를테면 복사해서 파일에 정리만 하면 되는 작업으로 오늘 퇴근 전에만 끝내면 된다. 즉, 퇴근 시간이 마감시한이다. 평소대로라면 3시간이면 끝날 작업이다. 하지만 온종일 특별히 할 일이 없는 상태라면 시간을 채우기 위해서라도 일을 질질 끌게 될 것이다. 업무량(즉 '복사해서 파일에 정리하는 작업')이 그 업무의 완성을 위해 주어진 시간(즉 '하루')을 전부 소진할 때까지 팽창하는 것이다.

파킨슨의 법칙은 업무뿐 아니라 모든 분야에 대입할 수 있다. 수입이 증가하면 지출도 증가한다. 집이 좁아서 넓은 집으로 이사하면 이상하게 물건도 늘어나 집이 여전히 좁아진다.

이 법칙은 물론 공부에도 대입할 수 있다. 당신도 짚이는 데가 있을 것이다. 온종일 시간이 남아돌았는데 공부 진도 성과는 예상과 달리 저조했다. 3시간이면 끝내고도 남았을 양을 온종일 붙들고 있기가 예사다. '시간이 있다 = 공부가 잘된다' 라는 공식은 성립하지 않는다는 사실을 인지하기 바란다.

시간이 없는 사람은 이 법칙을 역으로 이용할 수 있다. 작업을 하는 데 주어진 시간만큼 시간이 걸린다면, 반대로 작업을 하는 데 드는 시간이 할애할 수 있는 시간에 맞춰 줄어든다고도 생각해볼 수 있다. 즉 시간 제약이 있고 공부 시간이 한정되어 있으면, 그것이 제한시간 내에 공부를 끝내게 하는 강렬한 동기 부여가 될 수도 있다는 뜻이다. 이를 정리하면, 시간적 제약이 있는 작업(공부)일수록 더 순조롭게 진행된다는 가설이 성립한다.

그 가설이 맞는지 틀리는지는 당신의 경험에 비추어서 이해할 수 있을 것이다. 시간에 쫓길 때 작업 속도가 더 오르지 않던가? 시간이 없을수록 주어진 양을 묵묵히, 더 효율적으로 소화하게 되지 않던가?

그러므로 마음에 새겨두기 바란다. 공부 목표를 달성하려면 오히려 시간이 없는 게 백번 낫다는 사실을. 시간이 없기에 더더욱 제한시간 내에 끝내겠다는 의지가 강해져 목표를 향한 최단 거리를 찾게 된다는 사실을.

—

공부를 할 때는 시간적 제약이 있는 게 낫다. 이는 틀림 없는 사실이다.

시간적 제약은 일상적인 학습을 하면서 만들어지는 데, 우선 목표를 달성하기까지 대강의 시간적 제약을 설정한다. 한마디로, 기한을 정한 뒤 공부를 시작하는 것이다. 자격증 시험이나 사내 승진 시험이라면 '○○년 ○월 시험에 합격한다', 교양을 쌓기 위한 독서라면 '○월까지 ○권을 완독하겠다' 처럼 못을 박는다. 이것이 대강의 시간적 제약이며 공부 기한이다.

기한을 정하지 않으면 시간만 허비하고 목표에 접근하지 못할 수도 있다. 이는 업무 프로젝트를 수행할 때도 마찬가지다. 기한이 정해져 있지 않은 프로젝트는 진행이 순조롭지 않다. 일과 마찬가지로 공부에도 정해진 기한이 있는 게 당연히 낫다. 정해진 기한이 행동을 촉구할 것이기 때문이다.

기한, 즉 목표에 도달하는 시간을 결정하는 요령을 소개하겠다. 바로, 기간을 가능한 한 짧게 잡는다는 것이다. 시험을 생각하면 이해하기 쉽다. 1년 정도 공부해서 합격할 수 있는 시험이라면 2년 후가 아닌 1년 후 합격을 목표로 공부한다.

최단 시간을 설정할 때 당연히 달성 가능성이 전제가 되어야 하므로, 상황으로 볼 때 내년 합격이 불투명하다면 내후년을 노려야 한다. 이런 경우는 내후년이 '가능한 최단 시간'의 시기다. 이런 식으로 하는 이유는 실현 가능성이 희박한 목표는 시간적 제약이 기능을 수행하지 못하기 때문이다.

최단 시간을 설정해야 하는 이유는 인간이 망각의 동물이라는 데 있다. 인간은 망각의 동물이기 때문에 공부 목표를 달성하기 위해서는 잊는 속도보다 빠르게 지식을 끊임없이 보충해야 한다. 공부 기간이 길어지면 길어질수록 잊어버리는 양이 늘고 지식을 보충하기가 힘들어진다.

한 가지 예를 들어보겠다. 외국어 공부를 시작했다고 가정해보자. 하루에 단어를 1개씩 암기하면 2년 후에는 730개(365×2)의 단어를 기억하게 될 거라 생각하는가? 답은 '아니요'다. 기억하지 못한다. 그 이유는 당연하게도 '잊어버리기 때문'이다. 오늘 하루를 단어 1개를 암기하는 데 쓰면 분명히 그 단어는 기억의 저장고에 담길 것이다. 하지만 2~3일이 지나면 기억은 희미해지고 10일 후엔 완전히 사라져버리는 게 보통이다.

목표를 달성하려면 기억에서 사라진 단어를 다시 기억의 저장고에 집어넣어야 한다. 공부는 '암기하다 → 잊다 → 다시 암기하다 → 다시 잊다 → 다시 암기하다…'의 반복이다.

여기서 요점은 시간이 흐르면 흐를수록 기억은 흐려지기 마련이라는 것, 그리고 공부 기간을 길게 설정하면 할수록 기억을 유지하기가 힘들다는 것이다. 공부 기간이 길면 그만큼 다시 암기해야 할 정보량도 늘어나기 때문이다.

어떻게 하면 합리적으로 암기할 수 있을까?

답은 공부 기간을 가능한 한 짧게 잡는 것, 즉 '단기간에 집중적으로 공부하는 것'이다. 최단 기간 집중해서 공부하면 잊어버리는 양을 최소화할 수 있고, 그만큼 다시 암기하는 반복 과정이 줄어들기 때문이다.

학원 장기 수강의 덫

공부 기간을 길게 잡으면 부담이 덜할 것 같지만 사실은 그 반대다. 학원에서 강좌를 선택할 때의 예를 들어 보겠다.

학원 강좌를 선택할 때 '장기 코스'는 매우 신중하게 생각하고 결정하기 바란다. 국가 자격증 시험을 대비하는 학원에는 대체로 두 가지 과정이 개설되어 있다. 하나는 1년 단기 코스(주 4회 수업)이고, 다른 하나는 2년 장기 코스(주 2회 수업)다.

개인 사정에 따라 다르지만 장기 코스를 선택하는 사람이 많다. 주 2회 수업은 직장·가정과 양립할 수 있어서 부담이 적다고 느끼기 때문이다. 장기 코스는 직장인처럼 바쁜 시간을 쪼개야 하는 사람을 대상으로 하는 프로그램이다.

그러나 현실적으로는 부담이 적기는커녕 오히려 부담이 커진다. 생각해보라. 장기 코스는 2년 후 목표 달성을 지향하기에 오늘 공부한 내용을 2년 후 시험 때까지 기억하고 있어야 한다. 그러려면 '잊어버리다 → 다시 암기하다'를 얼마나 많이 반복해야 하겠는가.

그에 비해 단기 코스는 공부한 내용을 1년 동안만 간직하면 된다. 기억 유지라는 점에서 장기 코스보다 부담이 적다.

이런 사실을 증명하듯, 학원 안내 책자에는 '단 ○개월 만에 합격!' 같은 문구와 함께 아주 짧은 기간에 합격한 수강생의 사례를 소개하는 일이 많다. 평균 공부 기간이 2~3년인 시험을 단 몇 개월 만에 성과를 낸 합격자는 영락없는 천재쯤으로 인식된다. 그러나 속을 들여다보면 초단기간 집중적으로 공부했기 때문에 기억 유지라는 점에서 부담이 적었고, 그래서 효율적인 학습이 가능했다는 비결이 담겨 있다.

기간을 가능한 한 짧게 설정하고 제한된 시간 안에 집중적으로 공부한다. 이보다 더 효율적인 암기법은 없다.

그만둘 시점도 정해둔다

시간적 제약을 만들기 위해 목표 달성까지의 최단 시간을 공부 기한으로 정하는 이야기를 했다. 이 기한은 이른바 '긍정적 의미의 기한'이며 추구해야 하는 목표다.

한편, 혹시라도 목표를 달성하지 못했을 때의 기한, 즉 '부정적 의미의 기한'도 결정해야 한다. 부정적 의미의 기한이란 목표 달성에 실패했을 때 공부를 접는 시기를 말한다.

이 기한은 목표가 난관에 봉착할수록 요긴하다. 이를테면 국가고시를 목표로 하는 상황을 상정해보자. 긍정적 의미의 기한은 내년에 있을 시험이다. 내년까지 어떻게든 시험에 합격하는 게 당면 목표다. 그에 비해 부정적 의미의 기한은 이를테면 '2020년까지 합격하지 못하면 접는다. 미련 없이 포기한다' 라는 잠정적 결정을 말한다.

목표가 높으면 높을수록 실패할 가능성도 커진다. 이때 긍정적 의미의 기한만 준비돼 있다면 계속하여 실패의 쓴맛을 보면서 기약 없는 시간을 공부로 허송해야 한다. '올해는 실패했지만 내년엔 꼭 붙을 거야' 하고 자신을 위로한다. 내년이 되면 '올해도 글렀구나, 내년엔 기필코…' 하는 식으로 내년을 기약한다.

목표 달성이 좌절된 원인은 한두 가지가 아닐 테지만, 과연 그 목표가 자신의 성향과 맞는지 다시 한번 따져봐야 한다. 자신과 인연이 없는 목표라면 아무리 많은 시간을 투자한들 결실을 보기 어렵다는 사실을 사회 경험이 풍부한 40대는 충분히 이해하고도 남을 것이다. 자기자신과 잘 맞는 목표를 찾아서 그것에 시간과 노력을 적극적으로 투자하는 게 현명하다.

단, 두 가지 기한을 정해놓았어도 평소에는 긍정적 의미의 기한에 무게를 두기 바란다. 부정적 의미의 기한을 지나치게 의식하면 '어차피 2020년까지는 시간이 충분하니까…' 하고 방심해서 공부의 고삐를 늦출 가능성이 크기 때문이다.

종착지에서 역산해가는 '데드라인 공부법'

긍정적 의미의 기한, 다시 말해 시험이라면 합격 시점을 언제로 잡을지, 독서라면 완독까지 며칠을 잡을지 정했다면 지금부터는 꾸준히 실천하는 일만 남았다.

공부할 때는 하루에 필요한 최소 시간, 즉 1일 기준량을 정하고 이 책에서 소개한 암기법을 활용한다. 업무와 마찬가지로 기준량이 있으면 매일 학습에 충실히 매진할 수 있다.

1일 기준량을 설정할 때 '목표 달성에 필요한 총시간'을 산정하는 게 무엇보다 중요하다. 총시간은, 예를 들어 시험 합격이 목표라고 할 때 합격하기 위해 필요한 전체 시간을 말한다.

총시간을 산정하는 건 간단하지가 않다. 목표 달성에 필요한 시간은 사람마다 다르며 개인의 역량이나 운에 따른 차이도 크기 때문이다. 따라서 지나치게 꼼꼼히 할 필요는 없고, 대략적인 수치를 산정하면 된다.

추천하는 산정 방법은 목표를 달성한 사람들에게 직접 듣는 방법이다. 승진 시험 체험담은 비교적 어렵지 않게 들을 수 있을 것이다. 승진한 선배에게 "하루 평균 몇 시간씩 몇 달 동안 공부하셨습니까?" 하고 질문해보자. 자격증 취득이 목표라면 목표를 이룬 사람에게 직접 묻는 건 어려운 과제일 수도 있다. 하지만 인터넷이라는 편리한 도구가 있지 않은가. 약간의 행동력만 있다면 합격자에게 질문을 할 수도 있다. 또 학원별로 개최하는 수강생 모집 설명회에 참석해서 물어보는 방법도 있다.

당신의 목표가 시험 합격이 아니라 독서 중심의 '교양 쌓기'라면 자신의 책 읽는 속도를 기반으로 목표 권수를 채우는 데 필요한 시간을 예측하면 된다. 이렇게 해서 나온 수치가 '목표 달성에 필요한 총시간'이다.

총시간 산정이 끝났다면 이번에는 설정한 목표 달성 기한을 근거로 1일 기준량을 산정한다. 총시간을 1개월 단위, 1주일 단위, 1일 단위로 나누면 된다.

이를테면 목표 달성에 필요한 총시간이 500시간이고 6개월 후에 있을 시험을 공략한다고 하자. 500시간을 6개월에 걸쳐 소화하는 상황이므로 1개월에 약 83시간(500시간÷6개월)이라는 계산이 나온다. 그리고 1개월은 거의 4주이므로 1주일에 약 21시간(83시간÷4주)이 되며, 1주일은 7일이니까 1일 3시간(21시간÷7일)이라는 시간이 산출된다. 여기서 산출된 '3시간'이 1일 기준량이다.

기준량 산출이 끝나면 자신의 상황에 맞춰 1일 기준량을 세부적으로 조정한다. '1일 기준량은 3시간이다'라는 결론을 얻었지만, '금요일은 업무 형편상 전혀 공부를 할 수 없다'라거나 '일요일은 가족과 함께 보내는 날이라서 공부할 시간이 없다'처럼 저마다 사정이 있을 것이다. 그러므로 상황에 맞춰 요일별로 기준량을 명확히 구분하는 것이다. 앞의 예에서 보면 1주일에 21시간 소화하면 되니까 월요일부터 금요일까지 1일 4.2시간씩 공부하면 기준량을 달성할 수 있다.

기준량을 세부적으로 조정할 때 1주일에 한 번은 휴일을 정해서 쉬어야 한다는 점을 염두에 두자. 휴일을 정하지 않고 공부에만 몰두하면 효율이 떨어지고 학습 성과도 곤두박질친다.

가용시간을 계산한다

아무리 합리적으로 1일 기준량을 정했더라도 달성 가능성이 희박하다면 의미가 없다. 공부를 시작하기 전에 '가용시간'을 바탕으로 기준량의 달성 가능성을 확인한다. 가용시간은 글자 그대로 자신이 쓸 수 있는 시간을 말하며 여기서는 공부에 할애할 수 있는 시간을 의미한다.

공부에 할애할 수 있는 시간이 하루에 얼마나 되는지

확인해본 적이 있는가? 학생 시절에는 누구나 온종일 공부할 수 있는 환경에서 지냈지만, 지금은 공부에 매진할 수 있는 시간이 사람마다 다르기 때문에 자신의 상황을 파악하는 것이 우선이다.

가용시간을 산정할 때 24시간 중 다른 일을 하는 게 전혀 불가능한 '절대 고정 시간'은 얼마나 되는지를 먼저 확인하자. 이를테면 수면 시간이 그것이다. 하루 수면 시간이 7시간이라면 그 7시간은 절대 고정 시간이다. 업무 시간도 절대 고정 시간이다. 급여를 받아 생활해나가기에 업무를 소홀히 할 수 없으며, 업무 중 이른바 '부업'을 뛰는 건 있을 수 없다. 업무 시간이 오전 9시부터 오후 7시까지라면 점심시간 1시간을 뺀 9시간이 절대 고정 시간이 된다.

개인차는 있지만 절대 고정 시간은 더 존재한다. 어린 아이가 있는 사람에게는 아이를 돌보는 시간이나 가사 시간도 다른 일을 할 수 없는 시간에 해당한다. 자신의 상황을 고려하여 절대 고정 시간을 파악해보자. 여기서는 가사에 따른 절대 고정 시간을 2시간으로 가정하고 이야기해보겠다.

이 같은 방식으로 산출해가면 24시간 중 18시간(수면 7시간 + 업무 9시간 + 가사 2시간)은 자유롭게 쓸 수 없는 시간이다. 그러면 6시간이 남는다.

당신이 마음대로 쓸 수 있는 6시간조차도 온전히 책상 앞에 앉아 있을 수 있는 시간은 아니다. 그러니 '책상 앞에 앉을 순 없지만 공부는 할 수 있는 시간'을 생각해보자.

그 전형적인 형태가 출퇴근 시간이다. 출퇴근 시간은 책상을 마주하고 앉을 순 없으나 이동 중에 공부할 수 있으므로 책상 앞에 앉을 순 없지만 공부는 할 수 있는 시간이다. 만원 지하철에서 어떻게 교재를 펼치겠느냐는 볼멘소리가 들리는 듯한데, 굳이 교재를 펼치지 않고 들으면서 공부하는 방법도 있다. 교재 해설을 담은 오디오 교재를 선택한다면 출퇴근 시간을 훌륭한 공부 시간으로 만들 수 있을 것이다.

요리를 하거나 청소를 할 때도 '귀'는 자유롭다. 따라서 이런 시간 역시 책상 앞에 앉을 순 없지만 공부는 할 수 있는 시간이다. 여기서는 이 시간을 3시간으로 가정하고 이야기를 진행한다.

그럼 당신이 공부에 할애할 수 있는 시간은 얼마나 될까. 다음의 간단한 수식으로 가용시간을 계산해보자.

> 24시간−(절대 고정 시간+책상에 앉을 순 없지만 공부할 수 있는 시간×0.5)

'책상에 앉을 순 없지만 공부할 수 있는 시간'은 책상에 앉을 수 없기 때문에 공부 효율은 높지 않으며 오로지 공부에만 시간을 쓴다고도 볼 수 없다. 따라서 '0.5'를 곱한다. 그러면 '24시간−(18시간+3시간×0.5) = 4.5시간'이 된다. 이 '4.5시간'이 당신에게 주어진 최대 가용시간이다.

앞서 계산한 1일 기준량이 이 가용시간의 범위 내에 드는지를 확인한다. 범위 내에 들지 않는다면 상황을 변화시키기 위해 노력하거나 목표를 변경해야 한다.

승산이 없다면 목표를 바꿔라

1일 기준량이 가용시간 범위 내에 들지 않는다면, 냉정하게 들릴지 모르겠지만, 목표 달성에 승산이 없다고 봐야 한다. 부연하자면, 1일 기준량은 가용시간 범위 내에 빠듯하게 드는 것도 바람직하지 않으며 여유가 있는 편이 승산은 높다. 이를테면 '기준량 1시간, 가용시간 4시간'은 여유도 있고 승산도 높다.

승산 이야기를 꺼낸 건 어른의 공부는 승산이 있을 때 비로소 도전할 가치가 있기 때문이다. 40대는 그간의 경험치를 바탕으로 업무에서 중요한 위치에 있기 때문에 허투루 쓸 시간 같은 건 없다. 또한 어른의 세계에서는 결과가 중요하기 때문에 승산 없는 일에 무모하게 뛰어들 이유는 없다.

승산 없는 일에 뛰어드는 것을 긍정적으로 받아들여 '도전'으로 보는 시각도 있으나, 어른이 하는 공부의 세계에서는 다르다. 그것은 시간 낭비일 뿐이며, 승산 없는 공부에 쏟는 에너지는 업무와 사생활에 악영향만 가져올 뿐이다.

승산 없는 일이란 이를테면 이런 걸 말한다. '중간관리직으로서 하루하루 바쁜 나날을 보내는 중이지만 어떻게든 공인회계사 시험에 도전하고 싶다. 공부에 쓸 수 있는 시간은 1일 3시간이 될까 말까…' 이런 경우 단도직입적으로 말하면 무모한 도전이다. 공인회계사 시험이 목표라면 아무리 적게 잡아도 1일 5시간의 학습 시간이 필요하다. 참고로 나는 공인회계사 시험에 합격하기 위해 하루 10시간 정도 공부했다. 당시 직장에 다니고 있지 않아서 그만큼의 시간을 낼 수 있었으며, 1일 5시간 공부로도 부족하지 않았을까 생각한다. 절대량을 확보할 수 없는 공부가 어떤 결과로 이어질지는 굳이 말하지 않아도 잘 알 것이다.

그렇다면 어떻게 해야 할까? 방법은 두 가지다. 상황을 변화시켜서 가용시간을 늘리든가 목표 자체를 바꾸든가 하는 것이다.

상황 변화는 이를테면 직장을 옮겨서 가용시간을 만드는 방법을 들 수 있다. 업무가 아침 8시부터 밤 11시까지 이어지는 회사라면 공부는 꿈같은 얘기다. 그럼에도 공부가 하고 싶다면 근무 시간이 짧은 업계 또는 회사로 옮기면 된다. 공부 목표를 달성하기 위해서는 이 방법이 현실적 전략이라 할 수 있겠다.

목표 자체를 변경하는 것도 선택지 중 하나다. 일하면서 공인회계사 시험에 합격하기란 낙타가 바늘구멍을 통과하는 것만큼이나 어려운 일이다. 그래도 회계 공부를 하고 싶다면 목표를 세무사 시험으로 대체하는 것이다. 목표를 변경하면 상황도 승산이 있는 쪽으로 바뀔 수 있다.

목표 변경에 목표 연도 변경, 즉 기한 변경도 선택지에 넣는다. 시간적 사정으로 1년 후 시험 응시가 힘들 것 같다면 그 연도는 당신에게 '가능한 최단 시간'의 목표 시기가 될 수 없다. 그런데 2년 후라면 노려볼 여지가 있으니 목표 연도를 바꾸는 경우도 포함해서 검토한다.

단, 목표 연도를 뒤로 미루면 기억이 소실되는 양도 따라서 증가하게 되므로 전체 학습 시간도 그만큼 늘어난다. 목표 연도를 뒤로 미루는 것은 부담을 줄이는 게 아니라 오히려 가중시킨다는 점을 인식하기 바란다.

최소 시간을 요긴하게 쓰는 '자투리 시간 활용법'

지금부터는 매일매일 공부하는 가운데 단시간에 암기하는 방법을 소개하겠다. 가용시간이 적은 사람이라면 특히 그렇겠지만 일과 공부를 병행할 때는 자투리 시간을 활용하는 방법이 매우 중요하다. 학생 때처럼 오로지 공부에만 집중할 수 있는 시간이 거의 없기 때문이다.

여기서 자투리 시간이란 무엇을 말할까? 대표적인 것이 출퇴근 시간이다. 출근과 퇴근에 왕복 2시간 이상을 쓰는 사람도 많을 것이다. 업무 중 이동 시간을 자유롭게 쓰는 사람도 있을 것이고, 주부라면 저녁 식사 준비를 끝내고 식구들의 귀가를 기다리는 시간이 자투리 시간이 될 수 있다. 이런 식으로 생각하면 매일이 자투리 시간 천지라고 해도 과언이 아니다.

자투리 시간을 허비하지 않으려면 그 시간에 무엇을 할지, 무엇을 할 수 있을지 생각을 정리해놓아야 한다. 잠깐 시간을 내서, 종이와 펜을 준비해 손글씨로 자투리 시간 리스트를 작성해보자.

리스트를 작성하는 일은 어렵지 않다. 자신의 일상생활 중에 떠오르는 자투리 시간 몇 가지를 적어본다. 매일 일상적으로 발생하는 자투리 시간을 떠올려서 나열하는 것이다. 생각을 떠올릴 때는 '출근 시간 30분' 보다는 '집에서 지하철역까지 걷는 시간 10분, 지하철 출근 20분…' 하는 식으로 가능한 한 자세히 분류한다. 같은 자투리 시간이라도 각각의 성격에 따라서 할 수 있는 공부가 다르기 때문이다. 이를테면 지하철역까지 걸어가는 동안에는 책을 읽을 수 없지만 지하철을 타고 나면 읽을 수 있다.

자투리 시간을 뽑았으면 다음은 그 시간에 무엇을 할 수 있을지 생각한다. 이것 역시 종이에 쓰는 것이 좋다. '지하철역까지 걷는 시간 10분 → 영어 교재 오디오 청취, 지하철 출근 20분 → 독서 …' 이런 식으로 목록을 정리한다. 이처럼 할 수 있는 일의 목록을 사전에 정리해두면 자투리 시간을 무의미하게 흘려보내지 않게 된다.

자투리 시간을 충실하게 보내지 못하는 이유는 막상

자투리 시간이 생겼을 때 '뭘 하지?' 하고 막막해하기 때문이다. '뭘 하면 좋을까?' 생각하는 동안 시간은 흐르고, 말 그대로 자투리이니만큼 어느새 지나가 버리고 만다.

자투리 시간을 어떻게 보낼지 사전 계획을 세워두지 않으면 막상 자투리 시간이 났을 때 그 시간을 유용하게 보낼 '공부 아이템'이 가까이에 없는 일이 발생한다. 자투리 시간 리스트로 그 시간에 할 수 있는 일들을 정리해두면, 필요한 공부 아이템을 파악할 수 있을 뿐만 아니라 사전 준비도 할 수 있다.

출근 전과 점심시간을 활용한다

문제는 자투리 시간만으로는 공부의 성과를 낼 수 없다는 것이다. 자투리 시간에 할 수 있는 공부가 한정되어 있기 때문에 정신없이 바쁘더라도 일정 시간은 책상 앞에서 마음먹고 공부해야 한다.

일정 시간을 확보하는 방법으로 직장인에게는 '출근 전 학습'을 추천한다. 퇴근 후보다 출근 전 공부가 시간 제약을 받기에 더 효율적이다. 퇴근 후 공부는 잠자리에 드는 시간을 늦춰가면서 3시간이든 4시간이든 시간 제약 없이 할 수 있다. 하지만 이 방법은 피곤을 느낀다는 점에서 효율이 낮다.

출근 전에 공부를 하게 되면 집을 나서야 하는 시간이 정해져 있기에 자연스럽게 제한시간으로 설정돼 그 시간까지 공부를 마쳐야 한다. 앞서 얘기했듯이 공부를 할 때는 시간이 마냥 많은 것보다 어느 정도 제약이 있는 편이 더 유리하다.

자격증 학원에서도 단기간에 합격하는 사회인 수험생은 대부분이 아침형 인간으로, 출근 전에 1일 기준량의 절반을 끝낸 후에 일터로 향했다. 그들 가운데는 초절정 아침형 인간도 있었다. 앞에서 잠깐 소개한 바 있는 지인의 이야기다. 직장에 다니면서 법무사 시험에 도전한 그는 새벽 4시면 어김없이 일어나 책상 앞에 앉았다. 그 결과 도전 2회 만에 당당히 합격증을 거머쥐었다. 이는 출근 전 학습 성과를 보여주는 대표적 사례라 할 수 있다.

시간 제약을 받는 공부의 성과가 좋다는 사실을 이제 충분히 알았을 것이다. 그렇다면 이제 한 걸음 더 나아가 회사 점심시간을 공부에 활용하는 방안을 생각해보자. 점심시간은 업무로 복귀하는 시간이 제약으로 작용해서 공부에 집중할 수 있는 환경을 제공한다.

점심시간 1시간을 나누어서 전반 30분은 공부 시간으로, 후반 30분은 식사 시간으로 활용한다. 점심시간에 회사 밖으로 나가 동료들과 세상 돌아가는 이야기를 하면서 느긋한 식사를 즐기는 것도 좋지만, 빵이나 김밥 등 간단한 음식을 도시락으로 준비해서 먹고 점심시간을 공부 중심으로 보내는 것도 나쁘지 않다.

순서는 공부를 먼저 한 후 식사하는 방법을 추천한다. 밥을 먹은 직후의 신체는 공부에 온전히 집중하기에 적합한 상태가 아니기 때문이다. 점심시간은 '공부 → 식사' 순으로 사용하는 쪽이 효율이 높다.

방금 이야기했듯이 시간 제약은 단시간에 목적을 달성하도록 도와준다. 그렇다면 시간 제약을 스스로 만들 수는 없을까? 간단한 방법 몇 가지를 소개하겠다. 시간 제약이 거의 없는 시간대일지라도 자신을 어느 정도 제약해서 효율적으로 공부할 수 있게 하는 방법이다.

예를 들어 시험공부를 할 때 '10분 만에 이 문제를 푼다', 책을 읽을 때 '30분 동안 이 장을 다 읽는다' 라는 식으로 제한시간을 정한다. 이처럼 제한시간을 스스로 설정하면 그것이 제약으로 작용하여 유의미한 시간을 보낼 수 있게 된다.

'10분' 또는 '30분' 처럼 시간을 정해서 공부할 때 놓치지 말아야 할 점이 있다. 바로 시간 안에 달성할 목표를 명확히 의식하고 공부하는 것이다. 출근 전 공부나 점심시간 공부도 마찬가지다. 공부를 시작하기 전에 '출근까지 남은 1시간 동안 ○페이지까지 끝낸다', '10분 안에 이 문제를 푼다' 라는 식으로 제약을 두고 그 제약

안에서 달성해야 할 목표를 명확히 한다. 그런 태도가 집중력을 부르기 때문이다.

그 밖에 개개의 구체적인 시간 제약을 확실하게 실천하기 위해 스톱워치를 활용하는 방법이 있다. 10분 또는 30분이라는 일정 시간 내에 목표로 한 문제 풀이나 암기를 끝내기 위해 스톱워치가 지닌 기능을 활용해 시간 제약을 눈에 보이는 형태로 가시화하는 것이다.

시간 제약을 가시화하는 데 스톱워치보다 더 효과적인 방법이 있다. 바로 모래시계다. 모래시계는 3분 또는 5분짜리가 일반적인데 10분용, 30분용도 있다. 상점까지 발품을 파는 게 성가시다면 인터넷으로도 구매할 수 있으니 찾아보기 바란다.

나는 업무에서도 모래시계를 사용하고 있다. 30분용을 책상에 놓고 '30분 안에 이 일을 끝내자'라는 기한을 정하고 업무를 시작한다. 얼마 전까지는 공부에서도 일에서도 시간 제약을 만들기 위해 스톱워치를 활용했다. 스톱워치를 쓰면 언제 어디서든 제한시간을 설정할 수 있어서 편리하다. 스마트폰에 내장된 스톱워치 기능을 사용하기도 했다. 하지만 스마트폰의 스톱워치 기능을 사용하는 데는 단점이 있다. 스마트폰 화면을 보게 되면 스마트폰을 더 들여다보고 싶어져서 집중에 방해된다는 것이다(이에 관해서는 4장에서 자세히 다루겠다).

그래서 최근 스마트폰의 스톱워치 사용을 그만두고 모래시계로 대체했다. 남은 시간을 확인하려고 스톱워치 화면을 들여다보는 행위가 사고를 중단시킨다는 걸 알았기 때문이다. 이를테면 문제 풀이 중에 스톱워치를 봤더니 '남은 시간 7분'이라는 표시가 떴다고 하자. 그러면 '남은 시간 7분'이 머릿속에서 언어화되고 남은 시간을 파악하기에 이른다. 이 '언어화 → 파악'이 사고를 방해하는 것이다.

이에 비해 모래시계는 시간이 절반 이상 흘렀는지, 아직 3분의 1밖에 흐르지 않았는지, 남은 시간은 얼마나 되는지 '한눈에', '시각적으로' 인식할 수 있다. '모래 덩어리'만 보고 남은 시간을 어렴풋이 파악하기 때문에 '남은 시간 7분' 식으로 언어화하여 의식할 필요가 없어 사고가 중단되는 일이 드물다.

금쪽같은 시간을 쪼개서 하는 공부에는 '시간 효율을 떨어뜨리지 않으려는 노력'도 필요하다. 애초에 시간이 짧으니까 성과로 이어지는 밀도 있는 시간을 보내야 한다.

성과로 이어지는 밀도 있는 시간을 보내려면 공부 타이밍에 의식을 집중해야 한다. 무작정 책상 앞에 있는 시간을 확보한다 해서 좋은 게 아니라 다른 '뭔가'를 공부와 병행해야 하는 거라면 그 순서가 중요하다는 말이다.

이를테면 직장에서의 점심시간 공부를 생각해보자. 앞서 점심시간에 공부하려면 '공부 → 식사'의 순서가 바람직하다는 이야기를 했다. 식사를 먼저 하면 졸음이 와서 공부에 집중할 수 없어서다. 공부도 하고 식사도 해야 한다면 공부를 먼저 하는 게 결과를 놓고 볼 때 밀도 있는 시간을 보내는 방법이다.

공부 타이밍은 그 외에도 모든 경우에서 고려되어야 한다. 예컨대 '공부와 운동'을 병행할 때 나라면 공부를 우선순위에 놓을 것이다. 개인차는 있겠지만 운동을 하면 피로해져서 졸음이 밀려오기 때문이다. 몸을 움직이면 뇌가 활성화되기 때문에 운동 후 공부가 효과적이라는 견해도 있으나, 나는 운동을 하고 나면 피로감이 몰려와 공부할 엄두도 못 낸다. 내가 만약 헬스클럽에 다닌다면 공부를 끝내고 운동하러 갈 것이다.

또 식사가 끝난 뒤 '공부도 하고 설거지도 해야 한다'면, 이때는 설거지부터 한다. 식사 직후에는 혈액이 복부로 몰리는 탓인지 졸음이 오기 때문이다. 어차피 설거지를 해야 하는 상황이라면 졸기 십상인 시간을 설거지라는 작업에 기꺼이 투자하는 게 효율적이다.

40대에 들어서니 해야 할 일이 부지기수다. 학생 때와 달리 공부만 해도 되는 입장이 아니다. 이런 입장이라면 공부와 공부 이외의 일을 동시에 할 때 어느 쪽을 먼저 하는 게 공부에 유리하고 시간 낭비를 줄이는 길일지를 생각하고 책상 앞에 앉기 바란다.

최소 시간을 들여 최대 효과를 얻는 공부를 위해 주의할 점이 또 있다.

공부 시간에 제약이 있다면 공부 범위도 적극적으로 한정해야 한다는 것이다. 이것저것 잡히는 대로 공부하다가는 이도 저도 아닌 어중간한 지식에 머물러 목표 달성은 요원한 이야기가 되어버리기 때문이다.

어중간한 지식은 효용가치가 떨어진다. 시험장에 갈 때 잡다한 지식은 아무리 많이 가져가 봐야 정답을 도출해내지 못하는 경우가 다반사다. 시험 출제자는 어중간한 지식을 가진 수험자를 떨어뜨리려 잔뜩 벼르고 있기 때문이다. 오지선다형 문제의 5개 선택지 가운데 2개까지 정답을 좁혔지만 끝내 오답을 고르고 만 경험이 있을 것이다. 그 원인이 바로 어중간한 지식이다.

프레젠테이션을 준비하는 경우에도 어중간한 지식으로는 성공적인 결과를 낼 수 없다. 어중간한 지식을 가지고 등장한 발표자의 발언에는 당당함이 담겨 있지 않고, 발언자 스스로도 그 사실을 너무나 잘 알고 있어서 청중의 공감대를 끌어내지 못하기 때문이다.

제한시간 내에 목표를 달성하려면 1,000개의 어중간한 지식보다 100개의 확실한 지식을 습득해야 한다. 공부할 시간이 그리 많지 않으므로 1,000개의 지식을 습득하려는 시도는 애초에 포기하고, 특정 지식 100개를 확실히 습득하는 데 역점을 둔다.

100개의 지식을 확실히 습득하려면 공부 대상을 줄여서 특정 교재를 몇 번이고 들여다보는 방법이 유효하다. 반복 학습으로 뇌리에 또렷이 새기는 것이다. 시간도 없는데 여러 종류의 교재에 욕심을 내봐야 기껏 한 번밖에 못 보고 어중간한 지식만 늘릴 뿐이다.

여러 종류의 교재를 탐독해 확실한 지식을 얻는 사례가 없는 건 아니다. 예를 들어 한 교재에 'A'라는 정보가 기재돼 있고 다른 교재에도 'A'라는 정보가 실려 있다고 해보자. 그러면 복수의 교재를 통해 그 정보를 여러 번 접하게 되고, 그 결과 'A'라는 지식이 확실하게 암기될 가능성이 있다.

하지만 여러 권의 교재로 공부하다고 하더라도 복습하지 못하고 넘어가는 부분이 생기기 마련이다. 예를 들어 한 교재에는 'A, B, C'가 소개되어 있는데 다른 교재에는 'A, D, E'가 소개되어 있다고 해보자. 이런 경우 'A'는 반복 학습으로 기억에 남지만, 나머지 'B, C, D, E'는 복습이 충분하지 않아 기억에 새겨지지 않는다.

그러므로 처음부터 공부 대상을 좁히는 방법이 좋다는 얘기다. 특정 교재만을 집중해서 한 번이 아니라 두 번, 세 번 파고들면 'A, B, C' 각각의 지식을 여러 번 접하게 돼 모두 확실히 각인된다. 이 방식으로 공부해나가면 1,000개의 어중간한 지식이 아니라 100개의 확실한 지식이 머릿속에 자리 잡는다.

앞서도 언급했듯이 교재는 충분히 복습할 수 있을지 따져보고 선택하도록 한다. 교재를 선정할 때의 구체적 방법으로는 '최소 3회 복습이 가능한지'를 기준으로 삼는 것이다. 한 번으로는 암기가 거의 불가능하고, 두 번째 반복할 때도 첫 번째 때와 상황은 거의 비슷하

다. 따라서 같은 교재를 최소 3회는 반복해서 읽어야

한다. 이런 사실을 나는 수험생을 지도하면서 분명히

알게 됐다.

4장

언제나
최고 효율을 유지하는
40대의 집중법

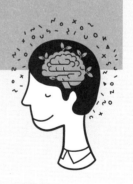

40대가 암기를 잘하지 못하는 이유 중 하나로 집중력 문제를 들 수 있다. 내 강의를 듣는 수강생들에게 자주 듣는 얘기도 바로 그것이다. 10대, 20대, 30대까지는 잘 몰랐는데 40대로 접어드니 집중력이 떨어지는 느낌이 들고 오래도록 집중할 수 없어서 걱정이라는 상담을 종종 받는다.

나이가 들수록 뇌로 가는 혈류가 저하돼서 집중하기 어려운 상태가 된다는 주장이 있다. 의학적인 이유야 어떻든, 집중력 저하는 나이가 들면 누구에게나 찾아오는 불청객이 아닐까 싶다. 이런 말을 하는 나 역시 10대나 20대 시절에 비해서 집중력이 많이 떨어졌음을 종종 느낀다.

집중력 저하로 곤란을 느끼는 이유는 암기를 할 때 집중력이 필수 요소이기 때문이다. 집중하지 않는 3시간 공부보다 집중하는 1시간 공부가 더 의미 있다는 점은 경험을 통해서 잘 알고 있을 것이다. 무엇이든 암기를 하려면 집중력이 꼭 필요하며, 집중력이 높은 상태를 꾸준히 유지해야 한다.

그렇다면 40대가 어떻게 하면 집중해서 공부할 수 있을까? 지금부터 집중력을 유지하는 방법을 설명하겠다.

효율을 최대한 유지하는 '20분 집중법'

집중력을 오래도록 유지하지 못하는 이유는 사람마다 제각각이지만, 40대라면 누구나 공감하는 공통점이 있다. 그것은 젊었을 때보다 체력이 떨어져 책상에 앉으면 금세 피로해진다는 점이다.

여기서 한 가지를 제안하고자 한다. '어느 정도 나이를 먹으면 장시간 공부는 힘에 부치다'라는 현실을 먼저 받아들이자는 것이다. 그런 다음 발상을 전환하면 된다. 쉽게 피로해지니까 '피로해지기 전에 책상을 떠난다'라는 원칙으로 공부 방법에 변화를 주는 것이다.

어른이 돼서 행정서사 시험에 도전한 나는 시험공부를 할 때 '피로해지기 전에 책상을 떠난다' 라는 원칙을 실천하기 위해 공부 시간을 촘촘하게 구분했다. 집중력이 유지되는 동안 공부할 시간을 세분화하고 정보가 머릿속에 확실히 입력되도록 했다. 이 암기법을 전수하고자 한다.

내가 붙인 이름은 '20분 집중법'이다. 크게 어렵지 않다. 원칙은 단지 '20분을 1단위로 해서 20분 내에 공부를 일단락 짓는다' 이것뿐이다. 물론 20분 내에 일단락 지을 수 없는 공부도 있다. 그런 경우를 제외하고, 촘촘히 시간을 나눠도 지장이 없는 경우에는 꼭 사용해보기 바란다.

20분 만에 공부를 끝내면 피로해지기 전에 책상을 떠날 수 있다. 1시간이나 2시간에 걸쳐서 공부하는 건 힘들기 마련인데, 신기하게도 '20분×3세트' 또는 '20분×6세트'로 세분화하여 공부하면 별로 부담스럽지 않다. 20분 동안 공부에 집중했다면 10분간 휴식을 취한다. 그런 다음 다시 20분 공부하고 10분 휴식하기를 반복한다.

이 20분 집중법이 바로 '목표의 세분화'다. 큰 목표를 달성하고자 할 때는 그 목표를 여러 개의 달성 가능한 작은 목표로 나눈다. 작은 목표를 1개씩 달성해가면서 의욕과 집중력을 유지하는 방법이다. 1일 3시간 공부는 벅차게 느껴질 수 있으나 '20분×9세트' 개념으로 바꾸면 훨씬 가벼운 마음으로 임할 수 있다.

'20분×9세트'를 한 번에 다 실천할 필요는 없다. 이를테면 출근 전에 2세트, 점심시간에 1세트, 퇴근길 도서관에 들러서 3세트, 퇴근 후 3세트, 이런 식으로 나누어서 해도 된다. 이것이 20분 집중법의 또 다른 장점이다.

뇌를 즉시 공부 모드로 전환할 마법의 구호를 정한다

20분 집중법이 효과가 있으려면, 당연한 말이지만 그 20분간은 반드시 집중해야 한다. 하지만 알다시피 20분 동안 집중력을 유지하기란 여간 어려운 일이 아니다.

업무를 보거나 공부를 할 때 평소 상황을 떠올려보자. 집중력이 나타나기 시작하는 것은 공부나 업무를 시작하고 나서 몇 분, 때에 따라서는 몇십 분이 지난 때쯤일 것이다. 실제로 책상에 앉자마자 작업에 몰두할 수 있는 사람은 드물다. 그럼에도 정보를 완전하게 암기하려면 '20분간' 집중은 필수다. 20분 가운데 10분이나 15분만 집중하면 되는 게 아니다.

그래서 필요한 것이 '구호'다. 20분 집중법을 실천하려 할 때 자신에게 "집중!"이라고 속삭이고 자리에 앉는다. 공부하는 곳이 집 등 개인적인 공간이라면 속삭이는 정도가 아니라 밖에까지 들리도록 큰 소리로 "집중!"을 외친다.

작업 시작 전에 외치는 구호가 작업에 집중할 수 있는 분위기를 자아낸다는 사실은 실험을 통해서도 확인됐다. 한 실험에 따르면 물건을 찾을 때 그 물건의 이름을 소리 내어 되뇌면서 찾던 사람이 묵묵히 찾기만 하던 사람보다 빠르게 찾아냈다. 입 밖으로 소리 내어 말함으로

써 의식이 집중되고 단시간에 작업을 소화해내는 데 도움이 된 것이다.

또 순간적으로 집중 상태에 들고 싶다면 '수신호'도 상당히 효과적인 방법이다. 철도 승강장에서 역무원이 손으로 신호를 보내는 것을 본 적이 있을 것이다. 바로 그 수신호를 말한다.

20분 공부에 돌입하기 전에 입으로는 "집중!"이라고 외치면서 책상에 펼쳐진 교재를 손가락으로 힘차게 가리킨다. 소리를 내어 외치면 뇌가 집중 모드로 전환되고, 수신호 효과로 집중력을 쏟을 대상이 명확해졌기 때문에 작업이 원활히 진행된다.

다시 한번 강조하건대, 40대의 공부는 젊었을 때 하던 공부에 비해서 집중의 장벽이 높다는 사실을 인정하기 바란다. '이게 무슨 효과가 있겠어?' 하고 시큰둥하게 바라볼 게 아니라 직접 한번 해보시라. 의외로 잘 통한다.

공부와 업무 사이를 순환하는 '무한 반복 공부법'

20분 집중법은 공부에 장시간 집중하기가 어렵다는 발상을 근거로 한다. 특히 40대가 되면 공적으로든 사적으로든 걸려 있는 일이 많기에 한 가지 일에 장시간 집중하기 어렵다. 20분 집중법은 그렇게 바쁜 어른을 위한 공부법이다.

20분 집중법을 더더욱 효율적으로 활용하는 방법을 설명하겠다. 20분 공부 사이의 틈을 휴식 시간으로 쓰는 게 아니라 '업무'에 쓰는 방법이다. '20분 공부 → 업무 → 20분 공부 → 업무…' 이런 요령으로 업무 처리를 진행한다. 보다 정확히 말하자면, 공부 말고도 동시에 처리할 업무가 있을 때 업무 사이사이에 '20분 공부'를 끼워 넣는 방법이다.

한창 업무에 쫓기다가 전혀 다른 영역인 공부로 이행하는 이 방식을 활용하면 업무와 공부 둘 다에서 좋은 효과를 볼 수 있다. 머릿속을 초기화할 수 있기 때문이

다. 줄곧 같은 일만 하면 효율이 떨어지는데, '20분 공부
→ 업무 → 20분 공부 → 업무…' 리듬으로 하면 양쪽 일
에서 집중력을 발휘할 수 있다.

실제로 나는 이 공부법으로 일과 공부를 병행해서 행
정서사 시험을 준비했다. 학생이 아닌 일반인 신분으로
도전하는 공부였기에 공부 일변도의 방식으로는 한계가
있었다. 일도 공부도 집중해서 양방향으로 진행해야 했
다. 이런 사정이 있었기에 집중력이 흐트러지기 전에 다
른 영역으로 이행하려 애썼다.

이 학습 방법은 즉각적인 효과를 나타냈다. 집중하기
쉬운 '20분'이라는 짧은 시간이었기에 공부는 공부대로
집중할 수 있었고, 집중력이 떨어지기 전에 업무로 방향
을 바꿔 또 몰두할 수 있었다. 그 덕에 일이면 일, 공부
면 공부 어디에든 집중할 수 있었다.

그런데 '공부 → 업무 → 공부 → 업무…'라는 리듬이
자신에게는 맞지 않는다고 여기는 사람도 있을지 모르
겠다. 실제로 내가 업무와 공부를 번갈아 할 수 있었던
건 내 업무 자체가 시간상으로 융통성을 발휘할 수 있는

일이었기 때문이다. 나는 법무사로서 내 개인 사무실에서 집필과 강의 준비 등의 업무를 보고 있다. 일반 직장인과 달리 시간을 자유롭게 사용할 수 있는 프리랜서이기에 가능했던 것이다.

반면 일반 직장인이라면 공부와 업무를 번갈아 하는 건 현실적으로 불가능하다. 회사에 고용된 사람으로서 자신의 시간을 회사에 제공하고 그 대가로 급료를 받는 것이니, 사적인 공부와 공적인 업무를 번갈아 하는 건 회사 눈치가 보일 수밖에 없다. 그리고 기본적으로 직장인이라면 회사에 있는 동안 자신의 업무에 충실해야 한다. 다만 내가 주장하고 싶은 것은 공부와 '공부 이외의 과제'를 번갈아 하면, 그 과제와 공부 양쪽을 병행하면서도 집중할 수 있다는 사실이다.

공부 이외의 과제가 반드시 업무가 아닐 수도 있다. 학원 수강생 중에 전업주부가 있었다. 직업은 가지고 있지 않았지만 성장기의 자녀 둘을 키우는 엄마였기에 매일매일 가사로 분주한 나날을 보냈다. 즉, 그녀에게는 가사가 공부 이외의 과제였다.

그녀는 집안일을 하는 짬짬이 공부했다. 아침 식사나 저녁 식사 시간 같은 때는 식구들이 함께 있기 때문에 시간을 임의로 조정할 수 없다. 그러나 청소나 세탁 같은 그 외의 집안일을 할 때는 비교적 유연하게 시간을 조정할 수 있다. 이 점을 깨달은 그녀는 '20분 공부 → 가사 → 20분 공부 → 가사'의 리듬으로 공부와 집안일을 번갈아 가며 해냈다.

당신이 하는 일 중에서 비교적 시간 조정이 자유로운 일은 무엇이 있을까? 이를테면 독서 같은 취미 활동이 그중 하나일 수도 있을 것이다. 이를 공부 이외의 과제로 간주하고 '20분 공부 → 독서 → 20분 공부 → 독서'의 리듬으로 반복하면 된다. 공부 이외에 집중하고 열중하고 싶은 과제를 찾아서 공부와 번갈아 진행해보기 바란다.

그런데 공부와 공부 이외의 과제를 번갈아 진행할 때 주의할 점이 있다. 공부 이외의 과제 역시 시간을 가능한 한 '20분'으로 설정하라는 것이다. 나라면 '20분 공부 → 20분 업무 → 20분 공부 → 20분 업무'의 리듬으로, 20분을 한 덩어리로 보고 번갈아 해나갈 것이다. 이는 신체에 리듬을 각인시키려는 의도다. 어떤 일이든지 일정한 리듬을 타면 진행하기 편해지기 때문이다.

공부 공간에서 스마트폰을 치운다

집중력을 높이는 방법은 이 책에서 소개하는 방법 말고도 무궁무진하다. 단맛 나는 음식을 먹는다, 공부하는 장소를 바꿔서 기분을 전환한다, 시간을 나눠서 제한시간 내에 작업을 끝낸다 등 집중력을 높여준다는 방법은 얼마든지 있다. 이런 집중력 향상법을 부정하는 건 아니다. 그 방법들도 효과적이며 집중력을 높여서 효율적으로 암기할 수 있도록 도움을 주기 때문이다.

그런데 나는 집중력을 높이기 전에 반드시 선행되어야 할 것이 있다고 생각한다. 바로, '집중력을 떨어뜨리지 않을 환경을 만드는 것'이다. 집중력 향상 대책을 마련해도 집중력을 떨어뜨리는 요인이 학습 환경에 존재한다면 공부 효율은 제자리걸음이 될 수밖에 없다. 자동차를 운전하는 장면을 상상해보자. 가속 페달을 밟으면서 브레이크를 밟으면 어떻게 되겠는가. 집중력 향상 대책을 생각하면서 집중력을 떨어뜨리는 요인을 그대로 남겨두는 것은 가속 페달과 브레이크를 동시에 밟는 것이다. 집중하려 한다면 집중력을 떨어뜨리지 않을 대책도 필요하다. 가속 페달을 밟았을 때 시원스럽게 속도가 붙도록 불필요한 브레이크는 밟지 않게 할 대책 말이다.

당장 실천해야 하는 것 한 가지가 있다. 스마트폰을 공부 공간에서 치우는 것이다. 이 조치만으로도 집중력이 떨어지는 일을 상당히 예방할 수 있다. 현재 스마트폰은 학습 도구로도 사용된다. 조사할 내용이 있을 때 인터넷 검색 한 번으로 궁금증을 해소할 뿐만 아니라 학습 앱을 다운로드해서 공부하기도 한다. 하지만 집중력 관점에서 보면 스마트폰은 '적'이다. 집중력을 유지하고 싶다면 스마트폰 대책이 절대적으로 필요하다.

당신도 어쩌면 스마트폰이 집중력에 얼마나 영향을

미치는지 한 번쯤은 생각해본 적이 있을 것이다. 온종일 스마트폰을 손에서 놓지 못하는 현상은 고등학생이나 대학생 같은 젊은 연령대뿐 아니라 40대 이상의 연령대에서도 발견된다. 카카오톡이나 페이스북에 새로 도착한 메시지는 없는지, 관심 분야의 뉴스 속보가 업데이트된 건 없는지 도무지 궁금해서 견딜 수가 없다는 사람도 많다. 이쯤 되면 '스마트폰 중독'이며 집중력을 언급할 계제도 못 된다. 스마트폰 중독 수준까지는 아니라 해도 스마트폰은 집중력을 흐트러뜨리는 주요 요인이다.

스마트폰이 집중력에 미치는 영향을 실험을 통해 밝혀낸 사람이 있다. 텍사스대학교 오스틴 경영대학원에 이드리언 워드(Adrian Ward) 교수가 바로 그 주인공이다. 그는 수백 명의 스마트폰 사용자를 대상으로 스마트폰이 인간의 집중력에 미치는 영향을 조사했다. 그 결과, 스마트폰이 가까이에 있다는 이유만으로도 인간의 집중력은 방해를 받는다는 사실이 밝혀졌다.

워드 교수는 스마트폰 사용자를 몇 개의 그룹으로 나눴다. 그런 다음 스마트폰 전원을 끈 상태에서 가방에 넣거나, 책상에 올려놓거나, 다른 방에 두는 등 각각의 그룹에 다른 조건을 부여하고 실험을 진행했다. 가장 성적이 좋은 그룹은 스마트폰을 다른 방에 둔 그룹이었으며, 스마트폰을 책상에 올려놓은 그룹의 성적이 제일 낮았다.

그래서 나는 학습 지도를 할 때 스마트폰에 대한 언급을 빼놓지 않는다. 학생들에게 '스마트폰 금지'를 명령하는 것이다. 물론 어디까지나 공부하는 동안 금지하라는 얘기다. 스마트폰이 없으면 일상생활이나 업무에 지장이 초래되는 사람도 있으니까. 현대 사회에서 스마트폰은 필수 아이템 아닌가. 다만, 공부할 때만이라도 스마트폰을 열지 말라, 스마트폰을 멀리 두라는 뜻이다.

스마트폰 금지를 실천하는 최고의 방법은 공부하는 공간에서 스마트폰을 추방하는 것이다. 스마트폰을 다른 공간에 격리하라는 말이다. 왜냐하면 스마트폰이 눈에 보이지 않더라도 가까이 있다는 사실 때문에 방해를 받기 때문이다. 스마트폰을 열어보고 싶어서라기보다는 '스마트폰으로 향하는 신경을 끊어야 한다'라는 생각 탓에 오히려 더 의식하게 된다.

스마트폰의 영향권에서 완전히 벗어나려면 공부 중에 '스마트폰은 다른 방으로 치워둔다' 라는 원칙을 세우고 꾸준히 실천해야 한다.

그런데 이는 스마트폰을 다른 방에 두지 못하는 상태에 있는 사람에게는 난감한 방법이다. 도쿄 학원에서 수험생들을 대상으로 강의하던 시절, 수강생 중에는 원룸에서 자취하는 지방 출신 유학생이 많았다. 그들은 공부할 때 스마트폰을 '다른 방' 에 격리하고 싶어도 그럴 수 없었다. 이런 상황이라면, 스마트폰을 다른 공간에 격리하는 것과 같은 효과를 얻기 위해 방법을 찾아야 한다. 예컨대 침실과 주방이 분리되어 있다면 공부하는 동안 스마트폰을 주방에 가져다 놓고, 침실과 주방이 분리되어 있지 않다면 현관에 가져다 두는 방법도 있다. 자신의 상황에 맞게 방법을 모색해보면 다양한 해법이 나올 것이다.

어찌 됐든 공부 중에는 스마트폰과 가능한 한 떨어져 있어야 한다. 당연히 눈에 보이지 않는 곳에 두어야 하며, 가능한 한 격리된 다른 공간에 두기를 권한다.

이제 집중력을 유지하는 방법을 살펴보자. 집중력을 유지하려면 머리를 적당히 쉬게 할 필요가 있다. 쉬지 않고 공부나 업무에 몰두하면 집중력이 저하돼 1시간이면 충분한 작업을 2시간이고 3시간이고 질질 끌게 되기도 한다. 그러지 않으려면 뇌에 휴식을 주어 일정 수준의 집중력을 유지해야 한다.

집중력을 유지하는 가장 좋은 방법은 '휴식'이다. 적당한 타이밍에 취하는 휴식은 집중력 저하를 예방하고 다시 집중하는 동력이 되어준다. 오로지 공부에만 매달리는 방법은 추천하지 않는다. 정기적으로 휴식을 취함으로써 집중력을 유지하며 꾸준히 공부하는 방법이 효과적이기 때문이다.

그런데 '정기적으로' 휴식을 취한다는 게 쉽지가 않다. 정기적이라고 하면 '1주일에 하루는 쉬는 날'을 뜻하는 게 일반적이지만 '1주일에 하루'가 최상의 휴식 타이밍이라고 단정하기는 어렵다. 40대에 접어들면서 집중력이 1주일도 유지되지 않는다는 사람도 있다. 뇌의 지구력은 사람마다 다르기 때문이다.

추천하는 방법은 스스로 자기 뇌의 지구력을 확인해보는 것이다. 매일 쉬지 않고 얼마나 공부하면 뇌가 피로해져서 집중도가 떨어지는지 자가 실험을 통해서 알아보면 된다.

실험 방법은 간단하다. 매일 공부 시작 후 처음 30분과 마지막 30분의 공부 가능한 분량을 확인하는 것이다. 예를 들어 처음 30분에 책 몇 페이지를 읽을 수 있었는지, 마지막 30분에는 몇 페이지를 읽을 수 있었는지를 확인하고 기록한다. 시험공부라면 페이지 수가 아니라 풀 수 있는 문제 수를 기록하면 된다. 이런 생활을 3주간 지속하면 얼마나 계속해서 공부했을 때 효율이 떨어지는지 파악할 수 있다. 어느 시점에 그 통계의 평균치에서 효율이 2퍼센트 하락했다면, 그게 바로 집중력이 떨어졌다는 증거다. 그 시점에 휴식에 들어가면 된다.

체력에 자신이 있는 사람에게는 해당하지 않는 이야기겠지만, 1주일이라는 기간을 꿋꿋하게 집중하는 건 대부분의 사람에게는 거의 불가능한 일이다. 5일째나 6일째에 들어서면 학습 효율이 저하되는 걸 실감할 것이다. 이를테면 5일째가 되자 전날에 비해 효율이 3퍼센트나 하락했다고 하자. 이런 상황이라면 4일 계속 공부하고 5일째 되는 날 휴식을 취하는 것으로 정한다. 그런데 5일째에 해당하는 날과 회사 업무가 겹치는 날이 있을 수 있다. 이런 경우 당연히 회사 업무는 봐야 하며, 공부만 하루 쉬면서 취미생활을 즐기거나 사람들과 만나는 시간을 갖는다.

요컨대 자기 뇌의 지구력에 맞는 속도를 찾아 정기적으로 뇌에 휴식을 주는 게 중요하다. 젊을 때와 마찬가지로 지치지 않는 한 공부한다는 생각은 금물이다. 40대는 40대에 최적화된 방법을 써야 한다.

낮잠도 기술이다

성과를 내려면 왜 정기적으로 휴식을 취해야 하는지 필요성을 이해했을 것이다. 이제는 한 걸음 더 나아가 공부하는 사이에 휴식을 취하는 방법에 대해 설명하겠다. '공부하지 않는 날'로 정한 정기휴일은 말할 것도 없고 한창 공부하는 중에도 '휴식'은 필요하다. 그런 이유로 공부 중간에 즐기는 '작은 휴식'에 대해 이야기하고자 한다. 집중력을 유지하기 위해서는 이 또한 없어서는 안 될 조건이다.

작은 휴식은 단연코 '낮잠'이 최고다. 공부하는 중간에 낮잠 시간을 끼워 넣어 피로를 조절하는 방법이 있다. '공부 → 낮잠 → 공부'의 리듬을 타면 집중력이 향상되고 공부 효율도 유지된다.

낮잠을 자는 방법도 중요한데, 바쁜 40대가 1시간이건 2시간이건 낮잠을 즐기는 건 현실적으로 불가능하다. 그러니 '15분' 미니 낮잠을 시도해보자. 효과적인 낮잠 시간에 대해서는 여러 의견이 있으나 짧은 낮잠이라면 15분 정도가 적당하다고 한다. 일을 하고 있다는 걸 고려하면 점심시간에 확보할 수 있는 낮잠 시간도 15분 정도다. 따라서 '15분 낮잠'은 오늘 당장 실천해도 좋을 만큼 부담이 없다. 직접 경험해보면 알겠지만, 15분간

눈을 붙이는 것만으로도 피로가 상당히 풀린다. 15분 낮잠에는 몇 시간 동안 충분히 수면을 취한 것에 맞먹는 휴식 효과가 있다고 한다.

그런데 누워서 본격적으로 수면을 취하면 방심한 사이에 1시간이고 2시간이고 마냥 자버릴 수도 있다. 그래서 책상에 엎드리거나 의자에 기대어 자는 방법을 추천한다. 좀더 편안한 방법을 찾는다 해도 소파에 눕는 정도까지만이다.

바로 잠들 수 있도록 안대나 귀마개를 사용하면 편리하다. 이 밖에도 수면을 유도하는 또 다른 방법이 있다면 적극적으로 활용한다. 이를테면 '수면을 유도하는 음악'을 듣는 것도 효과적이다. 스마트폰에 마음에 드는 수면 유도 음악을 저장해서 듣는 방법이 있다. 또 아로마 테라피를 좋아하는 사람은 심신을 편안하게 하는 아로마 향을 준비하는 등 쉽게 잠들 수 있도록 여러 방안을 마련할 수 있다. 자신과 잘 맞는 수면법을 낮잠에도 적극적으로 활용하기 바란다.

낮잠은 당연히 자고 일어나 집중력을 높이는 것이 목적이다. 그러니 낮잠 직후 늘어지지 않고 얼른 공부 모드로 돌아오는 것이 중요하다. 낮잠에서 공부 모드로 자연스럽게 귀환하는 팁 하나를 알려주겠다. 아주 간단하다. '교재를 책상 위에 펼쳐놓는 것'이다. 가령 회사법을 공부하다가 낮잠을 자려 한다면 잠에서 깼을 때 바로 시선이 책으로 가도록 회사법 교재를 덮지 말고 펴놓는 것이다.

낮잠에서 깨어나자마자 즉각 공부에 몰입하기 위한 조치다. 일어나서 부스럭거리며 교재를 준비해야 한다면 그것이 귀찮아서라도 선뜻 공부로 돌아가지 못할 수 있다. 잠에서 깨어보니 교재가 바로 눈앞에 있다면 다음 행동을 의식하지 않을 수 없고, 그것만으로도 곧장 공부에 돌입할 가능성이 커진다.

교재를 펼쳐놓을 때도 요령이 있다. 단순히 교재를 펼쳐놓는 게 아니라 펼쳐놓는 페이지에도 세심한 주의가 필요하다. 펼쳐놓을 부분은 지금껏 공부하고 있던 곳,

가능하면 오늘 공부하고 있던 내용이 정리돼 있는 곳이면 좋다. 다음에 진도 나갈 부분이 아니다.

지금까지 공부하고 있던 부분을 펴놓는 이유는 낮잠에서 일어나자마자 열 일 제치고 들여다봐야 할 데가 낮잠 들기 전에 열심히 읽던 바로 그곳이기 때문이다. 낮잠 전에 공부하던 내용이 교재 1페이지에서 5페이지까지였다면 낮잠 후는 6페이지부터가 아니라 그 전까지 보던 내용을 간단히 복습한다.

그 이유는 '집중'에 있다. 낮잠 직후는 뇌가 완전히 가동되기에 아직 미진한 상태라서 일어나서 바로 집중 모드로 전환하기는 어렵다. 제아무리 기분 좋은 방법으로 잠에서 깼다고 해도 적어도 몇 분은 잠기운이 남아 있다. 당연한 얘기지만 두뇌 회전이 원활하지 않은 상황에서는 새로운 정보를 암기하려 해도 머릿속에 잘 입력되지 않는다. 입력이 안 되는 건 물론이고 무슨 내용인지도 몰라서 공부가 지겨워진다.

하지만 이미 공부했던 곳이라면 내용이 한 번 머릿속에 입력됐으니 수월하게 읽어나갈 수 있다. 다시 말해 복습이 저항 없이 공부로 귀환하게 해준다는 얘기다. 낮잠 후 눈곱만큼이라도 좋으니 복습부터 시작해야 하는 이유가 여기 있다.

정보를 접하는 횟수가 많으면 많을수록 암기가 쉬워지므로 그 횟수를 늘려야 한다는 의미에서도 낮잠 직후의 복습을 추천한다.

방해받지 않을 장소로 간다

공부에 몰두하고 싶다면 '공간'에 대한 투자를 주저하면 안 된다. 공부 공간에 대한 투자는 집중력 향상과 공부의 효율화로 이어지기 때문이다.

지금까지 직장인 수험생에게 추천했고 앞으로도 추천할 방법은 '사설 독서실'을 이용하는 방법이다. 사설 독서실은 대도시에서 흔히 보이는 유료 자습실이다. 그리고 무료 자습실도 있다. 수강생들이 이용할 수 있는 학원 자습실이나 도서관 자습실 등이다. 이런 곳은 늘 다니던 곳이라 익숙할 뿐 아니라 무엇보다 '무료'라서 이용이 편하다고 느끼는 사람이 많을 것이다.

하지만 나는 유료 독서실을 추천한다. 유료라는 건 자신의 소득 일정 부분이 빠져나간다는 것을 의미한다. 그만큼 술자리를 줄여야 하고 충동구매를 하느라 지갑을 여는 횟수도 줄여야 한다. 자습실에 비용을 지불한다는 건 그만큼 다른 소비생활을 포기해야 한다는 뜻이기도 하다.

하지만 유료이기 때문에 얻는 게 있다. '사용료를 지불했으니 본전을 뽑자'라는 오기가 발동하여 시간을 허비하지 않고 공부에 몰두하게 된다. 집중해서 공부하게 된다는 이점을 생각한다면 공부 공간에 대한 투자를 긍정적으로 검토할 만하지 않은가.

공부 공간에 대한 투자라는 의미에서 추천하는 '최후의 수단'이 있다. 작가처럼 호텔에 자리를 잡고 두문불출하는 방법이다. 물론 아무 때고 생각날 때 호텔에 틀어박혀 지낼 수는 없는 노릇이다. 문제는 돈이다. 공부한다는 이유로 매주 호텔에 비싼 비용을 지불하다간 얼마 못 가서 통장이 바닥을 드러내고 말 것이다.

호텔에 투숙하는 타이밍은 '기회는 이때다' 싶어지는 승부처에 도달했을 때다. 이를테면 다음 주 승진 시험이 있다고 하자. '꼭 합격하고 싶으니 이번 주는 며칠 휴가를 써서라도 온종일 공부에 집중하자!' 이런 각오가 생겼을 때, 3~4일 기간을 정해 공부할 책과 자료를 바리바리 싸 들고 호텔에 틀어박히는 것이다.

해보면 알겠지만, 신기하게도 호텔 방에서는 공부가 정말 잘된다. 적지 않은 비용을 지불했다는 것, 챙겨 온 책들 말고는 집중력을 흐트러뜨리는 방해꾼이 전혀 없다는 것 등의 상황이 오로지 공부에 몰두하게 해주기 때문이다.

굳이 호텔이 아니어도 된다. 자신에게 맞는 여러 방법을 고안하여 공부하는 공간에도 투자해서 집중도를 높이기 바란다.

5장

지식을
지력으로 바꾸는
공부법

___

지금까지는 암기 방법에 관한 이야기를 했다. 그렇지만 인풋만으로는 의미가 없다. 40대의 황금 같은 시간을 투자한 만큼 결과로 이어져야만 의미가 있다. 이는 절대적으로 중요한 사실이다.

요점은 인풋만으로는 결과로 이어진다는 보장이 없다는 것이다. 시험이라면 암기한 내용을 바탕으로 답을 써내 점수를 받아야 하고, 보고서를 쓰기 위한 공부라면 암기한 내용을 활용해 설득력 있는 보고서를 작성해야 한다. 영업사원이 자사 상품에 대한 공부를 했지만 영업 현장에서 상품의 매력을 고객에게 제대로 설명하지 못한다면 공부를 안 한 것과 같다.

지식은 머릿속에 담겨 있기만 해서는 무용지물이며 '아웃풋'이 되었을 때 비로소 가치를 발한다. 취미 삼아 하는 공부라면 몰라도, 성과를 추구하는 어른의 공부는 암기한 지식을 현장에서 활용하지 못하면 의미가 없다. 지식은 사용되었을 때 진정한 가치가 부여된다. 따라서 단순히 '지식이 있다'라는 단계를 넘어 지식을 적시·적기에 사용하는 '지력'을 확보하는 것이 무엇보다 중요하다.

지식을 필요한 순간에 사용하기 위해서는 어떻게 해야 할까?

지식을 적시·적기에 사용할 줄 안다고 하면 이른바 '머리 좋은 사람'을 떠올릴 것이다. 천성적으로 두뇌 회전이 빠른 사람은 머릿속에서 정보의 형체나 형태를 바꿔서 그 상황에 어울리는 적절한 형태로 발현할 줄 안다. 이런 특별한 능력은 두뇌가 명석한 사람만 가지고 있으며 보통 지능의 사람에게는 없는 능력이라고 생각하는 사람이 많을 것이다.

하지만 그런 선입견은 접어두기 바란다. 지력 역시 꾸준히 단련하면 상황에 맞춰서 정보의 형체나 형태를 변환시켜 생각을 떠올리는 능력을 지니게 된다. '1'을 배우면 '5'나 '10'의 상황에도 대응할 수 있게 되는 것이다.

그리 어려울 건 없다. 나중에 아웃풋하는 상황을 상정

하여 암기를 하면 된다. 미리 아웃풋을 전제로 지식을 습득하고 연마하면, 실제 상황과 마주했을 때 자연스럽게 떠오르기 때문이다. 이번 장에서는 아웃풋 시스템에 따른 지력 단련 암기법을 전수한다.

지력을 아웃풋하는 환경을 만든다

아웃풋을 하려 해도 기회가 많지 않다는 점 때문에 막막하다고 느껴질 것이다. 그렇지만 인풋한 지식을 시험장에 가서만 사용할 수 있다면 성과를 내지 못할 가능성이 크다. 아웃풋할 기회가 좀처럼 열리지 않는다면, 자신이 적극적으로 기회를 만들어야 한다. 적시·적기에 맞는 모양이나 형태로 정보를 바꿔 떠올릴 수 있으려면 먼저 아웃풋 기회를 늘려야 한다. 지력은 지식을 사용함으로써 단련되기 때문이다.

아웃풋 기회를 늘릴 때 주의할 점은 암기 작업과의 연속성을 염두에 두어야 한다는 것이다. 인풋과 아웃풋을 명확히 구분하는 게 아니라 아웃풋 작업을 하는 동시에 인풋 작업을 진행하는 것이다. 이것이 연속성이며 결과적으로 공부 효율을 높이는 방법이다. 이 방법은 시간이 없는 사람에게 특히 유익하다.

연속성에 관해 시험공부를 예로 들어서 설명하겠다. 사람들은 대체로 교재를 충분히 암기한 후 문제 풀이로 넘어간다. 이는 인풋을 완료하고 나서 아웃풋으로 이행하는 전형적인 형태로, 인풋과 아웃풋을 따로 떼어서 생각하는 방식이다.

하지만 인풋과 아웃풋을 구분하지 말아야 한다. 아웃풋이 이루어지는 상황에서도 인풋의 복습이 필요하며, 그 자리에 없는 교재 등을 찾아서 정보를 확인해야 하는 상황도 드물지 않다. 아웃풋과 인풋은 떼려야 뗄 수 없는 밀접한 관계에 있다.

어찌 됐든 40대는 시간이 없으니 아웃풋 기회를 늘리는 동시에 인풋과 아웃풋을 병행하는 훈련을 하자. 지금부터 소개하는 아웃풋 방법도 가능하다면 신속히 공부에 접목하기 바란다.

먼저, 한창 암기 중일 때 실행할 수 있는 아웃풋 방법을 설명하겠다. 아웃풋을 하면서 암기하는 방법이다.

아웃풋을 강화하는 '암기 즉시 떠올리기'

인풋은 정보를 암기하고 지식의 형태로 축적하는 작업이고, 축적한 지식을 사용하는 작업이 아웃풋이다. 이 둘을 따로따로 구분하지 말고 연속성을 의식하면서 공부하기 바란다.

가장 간단한 방법은 지금 암기한 내용을 그 자리에서 바로 상기하는 것이다. 이는 기본적으로 암기한 내용을 끌어와 기억에 정착시키는 암기법이다. 가능하다면 신속하게 아웃풋까지 실행하는 게 최선이다.

상기하는 방법은 암기한 정보를 머릿속에서 떠올려 끄집어내는 게 기본 중의 기본이다. 현재 암기하려는 정보를 그 자리에서 여러 번 되뇌는 것이다. 주변 사람을 의식하지 않아도 되는 환경이라면 입 밖으로 소리 내어 되뇌는 게 어떤 방법보다 효과적이다. 뇌리에 남겨지면 기억은 순식간에 강화되기 때문이다.

상기하는 요령은 핵심이 되는 키워드로 정보를 축약하는 것이다. 이를테면 암기하고자 하는 정보가 다음과 같은 내용이라고 해보자.

정부는 재정 건전화를 위해 2027년 기초재정수지 흑자 전환을 목표로 내걸었다.

이 정보는 핵심 키워드인 '기초재정수지 흑자'를 여러 번 되새기면서 암기한다. '기초재정수지 흑자, 기초재정수지 흑자, 기초재정수지 흑자…' 이렇게 여러 번 반복하면 뇌리에 자연스럽게 새겨진다. 눈으로 글자를 읽을 뿐 아니라 그 자리에서 능동적으로 기억을 떠올려 보는 것이다.

그리고 나서 되새기는 분량을 조금씩 늘려나간다. '재정 건전화를 위해 2027년 기초재정수지 흑자'처럼 암기하고자 하는 정보를 그대로 반복해서 되새긴다.

이 지점에서 필요한 요령은 키워드를 중심으로 되새기는 것이다. '재정 건전화, 2027년, 기초재정수지 흑자' 세 가지만 외우고 있으면 이유(재정 건전화), 목표 시기(2027년), 목표(기초재정수지 흑자) 등 각각의 키워드가 자연스럽게 떠오른다.

지식을 단순한 형태로 정리한다

—

앞에서 암기 단계에서 아웃풋 상황을 상정하라고 설명했다. 그러면 기억을 되새기는 동안 지식이 정착되어가기 때문이다. 하지만 주어진 문장을 단지 되새김질만 한다면 다양한 상황에 맞춰서 정보의 모양과 형태를 바꿔 기억을 상기할 수 없게 된다. 즉 주어진 문장 그대로가 질문으로 제시된다면 즉시 상기할 수 있지만 조금만 변형돼도 응용하지 못하게 된다. 예를 들어 '정부는 재정 건전화를 위해 2027년 ○○ 흑자 전환을 목표로 내걸었다. ○○란 무엇인가? 라는 질문에는 답할 수 있을 것이다. 그런데 '기초재정수지 흑자 전환을 실현하고자 하는 목표 시기는 언제인가?', '기초재정수지 흑자 전환을 왜 목표로 설정했는가?' 라는 질문에는 답하지 못하게 된다.

적기·적시에 정보를 상기하려면 정보를 암기하며 되새길 때 정보를 변환해서 여러 개의 패턴으로 재구성해야 한다. 정보의 패턴을 여러 개로 분화해서 상기하는 것이다.

패턴을 만들 때는 정보의 강조점이 서로 겹치지 않게 재구성한다. 앞의 예시문은 '기초재정수지 흑자 전환' 부분에 강조점이 있다. 이 정보는 '기초재정수지 흑자 전환은 2027년도가 목표 시기다', '기초재정수지 흑자 전환은 재정 건전화를 위해 시행한다' 라는 식으로 여러 개의 패턴을 만들 수 있다.

강조점을 겹치지 않게 배치하는 요령은 암기하고자 하는 키워드를 'A는 B다'의 'B'에 놓는 것이다. 이처럼 단순한 규칙을 정해서 그 규칙에 맞춰나가면 몇 가지 정보 패턴을 쉽게 만들어낼 수 있다. 핵심은 가능한 한 단순한 문장이어야 한다는 점이다. 상기하기 쉽고 암기하기 편하게 정보를 압축한다.

다음 정보는 원래의 정보와 상기를 목적으로 재구성한 정보다. 원래 정보의 박스 속 내용이 암기하려는 키워드다. 재구성한 정보의 밑줄 친 부분이 강조점이 있는 곳이며, 이를 보면 각각의 키워드를 중심으로 구성된 정보라는 점을 알 수 있을 것이다.

- **원래의 정보**

  정부는 재정 건전화 를 위해 2027년 기초재정수지 흑자 전환을 목표로 내걸었다.

- **재구성한 정보**

  - 재정 건전화를 위한 시책은 기초재정수지 흑자 전환

  - 기초재정수지 흑자 전환을 목표로 하는 이유는 재정 건전화를 위해

  - 기초재정수지 흑자 전환 목표 달성은 2027년

'정보의 수가 늘면 암기할 것도 많아져서 힘들지 않을까?' 라고 생각하겠지만, 단순한 규칙을 바탕으로 정보를 재구성했기 때문에 지식이 정돈돼서 오히려 쉽게 외워진다.

이처럼 정보를 재구성해서 떠올리면 어떤 각도에서 질문이 들어와도 막힘없이 답할 수 있다. 하나의 정보를 여러 개의 정보로 변형했기 때문에 응용이 가능해진 것이다.

'빼내ㅣ2차 정보'로 분류한다

문장을 단순한 형태로 바꿔서 암기하면 더 다양하게 응용할 수 있다. 앞서 살펴본 '정부는 재정 건전화를 위해 2027년 기초재정수지 흑자 전환을 목표로 내걸었다' 라는 정보는 한 문장이기에 단숨에 외워진다.

하지만 두세 문장으로 늘어나거나, 한 문장이라도 길이가 길어지면 정보 용량이 커져서 머릿속에 저장하기가 힘들어진다.

이를테면 다음과 같은 정보가 있다고 하자. 이 정보를 쉽게 암기할 수 있을까?

주식회사의 최저자본금제도는 자본금에 채권자를 보호하는 법적 기능이 없다는 점과 최저자본금제도가 창업을 방해한다는 지적에 따라 폐지되었다.

구 상법과 현행 사회법 공부를 한 사람이라면 필수적으로 공부했던 '최저자본금제도'의 폐지에 관한 설명이다. 과거에는 일본에서 주식회사를 설립할 때 최소 1,000만 엔의 자본금이 필요했지만, 2006년부터 시행된 사회법으로 그 제도가 폐지되고 자본금 1엔만 가지고도 회사를 설립할 수 있게 됐다.

한 문장이지만 아주 긴 이 예시문은 암기하기가 녹록지 않다. 그렇지만 '단순한 문장으로 만든다'라는 규칙을 적용하면 쉬워진다. 정보를 해체하고 정리하면 된다.

무엇보다 주목할 부분은 '뼈대가 되는 주어＋술어'와 그것을 수식하는 '2차 정보'로 나눈다는 점이다. 예시문에서 뼈대의 주어와 술어는 당연히 '주식회사의 최저자본금제도는 폐지되었다' 라는 부분이다. 그 이외의 부분 '자본금에는 채권자 보호 기능이 없다' 와 '창업을 방해한다' 는 메인 정보를 수식하는 2차 정보다.

해체한 정보는 다음과 같은 형태를 띤다.

- **뼈대가 되는 주어＋술어:** 주식회사의 최저자본금제도는 폐지되었다.
- **2차 정보:** 자본금에는 채권자 보호 기능이 없다. 창업을 방해한다.

어떤가. 간단하지 않은가? 용량이 큰 정보라 할지라도 뼈대와 2차 정보로 나누면 각각의 정보가 정리될 뿐 아니라 각 정보가 단순한 형태로 변환되어 쉽게 외워진다.

암기할 때는 뼈대가 되는 주어＋술어부터 암기한다. 이 부분이 정보의 핵심이므로 먼저 암기하는 것이다. 암기한 내용을 상기할 때도 뼈대가 되는 주어＋술어부터 떠올린다. 이렇게 하면 중요 정보부터 아웃풋하게 되어 목표로 하는 결과에 쉽게 도달할 수 있다.

지력 단련에 타인을 끌어들인다

아웃풋 활동은 자기 혼자서 할 때보다 타인과 함께할 때 효과가 더 크다. 남에게 무언가를 보여주거나 누군가와 함께할 때, 혼자인 경우보다 긴장감이 있고 효율이 향상되기 때문이다. 집중력 또한 높아지고, 무엇보다 아웃풋 성과가 비교할 수 없을 만큼 좋아진다.

나의 집필 작업이 좋은 예다. 집필 작업은 마감일이 가까워질수록 피를 말린다. 시간은 없고 갈 길이 구만리다. 에너지 음료를 들이켜가며 한밤중에 키보드를 두드린다. 그러다 문득 정신을 차려보면 이마로 키보드를 누르고 있다. 늘 이런 식이다.

그래서 항상 생각한다. '출판사에서 기획 회의를 통과하기 전에, 다시 말해 출판이 결정되기 전에 원고가 얼마간 마무리되어 있었다면 훨씬 편했을 텐데! 앞으로는 공식적으로 출판이 결정되기 전에 원고 작업을 시작하자!' 라고.

그런데 언제나 생각만 그럴 뿐 기획이 채용되기 전에 원고를 쓰는 일은 없다. 편집자가 학수고대하는 상황에서 시간에 쫓겨가며 원고를 써재낀다.

집필 작업은 하나의 예에 불과하다. 자신의 내면에 존재하는 지식이나 사고는 그것을 받아들이는 사람이 있을 때 비로소 아웃풋이 된다.

여기서 짚고 넘어가야 할 것은 단지 아웃풋만 한다고 다 되는 건 아니라는 점이다. 언제 어디서든 상황에 맞게 지식의 모양과 형태를 바꿔 아웃풋하고 성과를 내려면 평소에도 수준 높은 아웃풋 환경이 조성되어야 한다.

수준 높은 아웃풋 환경을 조성하는 데 타인을 끌어들이는 것 만한 방법이 없다. 누군가가 자신의 아웃풋을 보고 있다고 생각하면 자연히 아웃풋의 질이 향상되기 때문이다.

인터넷에서 불특정 다수에게 설명한다

타인을 끌어들여 아웃풋을 할 때 추천하는 방법이 있다. 공부한 내용을 인터넷에서 표현하고 해설하는 방법이다.

누구나 한 번쯤은 이런 경험을 해봤을 것이다. 직장에 후배 사원이 들어오면 그에게 업무에 관한 오리엔테이션을 하게 된다. 업무 내용을 언어화해서 타인에게 전달하는 일은 의외로 지난한 작업이다. 그런데 오리엔테이션을 하는 동안 새삼스럽게 지식이 정리되고, 기억이 강화되는 느낌을 받았을 것이다. 그뿐만 아니라 상대에게 계속해서 정보를 전달하는 동안 점점 더 설명이 잘된다. 이야기를 들어주는 사람이 있는 상태에서 반복 설명하는 행위가 아웃풋의 수준을 한 단계 끌어올린 것이다.

그렇다면 설명을 듣는 상대가 꼭 특정인이어야만 할까? 그럴 필요가 없다. 특정한 누군가가 아닌 불특정 다수를 향한 설명이어도 된다. 흩어진 정보를 정리하고 다듬어서 암기할 정보로 정착시킨다는 점을 고려하면 불특정 다수를 상대로 한 아웃풋도 의외로 두뇌를 잘 단련시킨다. 상대의 지식수준에 대한 정보가 전혀 없는 상태에서 보편적 수준에 맞춰 성실하고 자세하게 설명할 수밖에 없기 때문이다. 공부한 내용을 불특정 다수에게 적극적으로 발표해보자. 인터넷 덕에 그렇게 어려운 일도 아니니까.

더 쉬운 방법은 블로그 활동을 하는 것, 즉 공부한 내용을 블로그에 올리는 것이다. 물론 블로그는 무료 포털 사이트에 개설하는 것이 좋다. 그래야 내가 운영하기에도 부담이 없고 방문객도 가벼운 마음으로 찾아올 수 있기 때문이다.

블로그에 아웃풋하려 할 때 가장 먼저 할 일은 아웃풋용 새 블로그 개설이다. 이미 운영 중인 블로그가 있다면 게시물을 추가하는 형태로 아웃풋하는 방법을 먼저 떠올리겠지만, 나는 새로운 블로그를 개설하는 방법을 강력히 추천한다. 블로그를 막 시작하면 아무래도 새로운 게시물을 계속해서 업로드해야 할 것 같은 의무감이 생기기 때문이다. 게시물이 한두 개밖에 없으면 왠지 썰

렁한 느낌이 들어 새 글을 자꾸 쓰게 된다. 즉, 아웃풋에 대한 동기 부여가 된다.

당신이 어떤 분야에 대해 전문성이 있고 그 깊이를 더하고자 공부하는 중이라면 블로거보다 인터넷 작가가 되는 방법을 추천한다. '작가라니, 언감생심이지' 하고 고개를 절레절레 흔드는 사람이 많을 것이다. 하지만 인터넷상에서는 다양한 분야에서 항상 작가를 모집하고 있다. 관심이 있다면 '인터넷 작가 모집'을 검색해봐도 좋을 것이다.

인터넷 작가에게 지급되는 보수는 수준도 형태도 다양한데, 자신의 원고를 기다리는 사람(편집자)이 있다는 사실이 긴장감을 불어넣어 보다 수준 높은 아웃풋을 할 수 있게 한다. 그러면 스스로도 글쓰기에 완벽함을 도모할 뿐 아니라, 관련 정보를 조사하는 동안 그 주제에 대해서만큼은 어떤 질문이 들어와도 답변할 수 있는 수준의 지식을 축적하게 된다.

블로거든 인터넷 작가든 지식을 인터넷에 올릴 때는 정보를 받아들이는 대상을 상정하는 것이 중요하다. 독자의 지식수준을 상정하고 그에 맞춰 글을 써야 하기 때문이다.

블로그에 글을 올릴 때는 하나의 정보에 대해 초급, 중급, 고급 등 3개의 등급으로 나눠 등급별로 다른 수준의 글을 쓰는 것도 효과적이다. 앞서 언급한 '정부는 재정 건전화를 위해 2027년 기초재정수지 흑자 전환을 목표로 내걸었다'라는 정보는 예컨대 초급에서는 '기초재정수지란 무엇인가'부터 설명하게 될 것이며, 중급에서는 배제해도 되는 내용이다.

선의의 경쟁자와 프레젠테이션을 한다

공부를 할 때는 서로 자극이 되는 선의의 경쟁자가 함께 모여 아웃풋을 하는 방법도 매우 유효하다. 선의의 경쟁자와 함께할 활동은 '프레젠테이션'이다.

나는 자격증 시험 준비를 할 때마다 동료들과 각자 과목을 정해서 강의하는 스터디 그룹을 만들어서 공부했다. 이를테면 A와 B가 같은 자격증 취득을 목표로 하고 있다면 A는 민법을, B는 형법을 담당하는 식으로 각자 담당 과목을 정해서 해당 과목을 강의하는 것이다. 그렇게 하는 이유는 내가 알아야 남을 가르칠 수 있기 때문이다. 그만큼 더 열심히 공부해야 하고, 그렇게 쌓은 지식은 실효성 있는 지식으로서 기억에 정착된다. 어른의 스터디 그룹 활동인 만큼 한 걸음 더 나아가 프레젠테이션 수준까지 올라서면 효과가 더더욱 크다.

구체적인 예를 들어보겠다. 같은 주제에 관해 공부하는 동료 3명이 있다고 하자. 주제는 '비트코인이 은행 업무에 미치는 영향'이다. 각자가 공부한 후 공부의 성과를 발표하는 자리를 만든다. 장소는 패밀리 레스토랑이든 카페든 어디나 상관없다(가게 영업에 방해가 되지 않도록 주의하는 건 당연하지만). 발표 자체가 목적이 아니라 적절하게 아웃풋하고 지식을 활용해서 기억에 새기는 게 목적이니까 화이트보드나 마이크 같은 장비는 없어도 된다. 같은 직장의 동료라면 시간 절약 차원에서 점심시간을 이용하는 방법도 있다.

프레젠테이션 멤버가 모이면 각자가 공부한 내용을 순서대로 발표한다. 즉, 비트코인이 은행 업무에 미치는 영향에 대해서 각자가 공부한 내용을 설명해나간다. 발표에서 어떤 사람은 '해외 송금 수수료'에 주목했다. 비트코인을 사용해서 해외로 송금할 때 지금까지보다 말도 안 되게 싼 수수료만 내고도 송금할 가능성이 열렸다는 내용이다. 그 사람의 발표 내용 가운데는 '수수료가 저렴한 이유는 무엇인지, 지금까지의 송금 수수료와 구체적으로 어떻게 다른지, 결과적으로 은행 수익에 어떤 영향을 미치는지'가 포함되어 있다.

이 발표를 듣고 다른 참가자는 의문점이나 부자연스러운 점을 지적한다. '송금 수수료가 저렴하다지만 비트코인을 이용한 송금 자체가 안전한 방법인 건지(의문점)', '송금 수수료가 저렴하다지만 비트코인 가격이 급등함에 따라 송금 수수료도 인상되는 건 아닌지(부자연스러운 점)' 등이 있을 것이다.

이런 지적을 받으면 발표자는 채워야 할 지식의 구멍을 깨닫는다. 타인이 갖는 의문점이나 부자연스럽게 느끼는 점을 인식함으로써 '허를 찌르는 예리한 지적'에 대응하는 완벽한 답변을 준비할 수 있게 된다. 그러면 다음번 아웃풋의 질은 훨씬 더 높아진다.

타인에게 설명하면 암기한 지식의 약점이 보인다

선의의 경쟁자와 프레젠테이션할 때 명심할 점이 있다. 의문점이나 부자연스러운 점만을 지적하고 끝내기엔 시간이 너무 아깝다. 정보를 머릿속에 주입하는 게 암기라는 작업인 건 틀림없는 사실이지만, 모든 면에서 성과를 요구받는 어른의 공부에서는 프레젠테이션 시간을 더의미 있게 보내야 한다.

프레젠테이션 방법을 활용할 때는 의문점 등의 지적 외에 깔끔한 아웃풋이 되도록 개선점을 찾는 데에도 의식을 집중할 필요가 있다.

생각해보자. '아마도 이런 게 아닐까' 라는 식의 자신감 없는 아웃풋보다 암기한 내용이 '술술 풀려나오는'

아웃풋이 훨씬 더 좋은 결과를 내지 않을까. '비트코인이 은행 업무에 미치는 영향은…, 송금에 필요한 비용이…, 낮아져서…' 식으로 떠듬떠듬 횡설수설하는 것보다 '비트코인의 도입으로 이용자는 기존 은행을 이용할 때보다 저렴한 수수료를 내고 송금할 수 있게 되었다. 예를 들어 300엔을 송금할 경우…' 처럼 당당하게 설명하는 쪽이 상대에게 좋은 인상을 준다. 같은 정보라도 표현 방법에 따라 결과에 미치는 영향은 하늘과 땅 차이다.

선의의 경쟁자와 프레젠테이션할 기회가 있다면 정보 자체의 아웃풋뿐만 아니라 성과로 이어지는 아웃풋 방법도 함께 모색하기 바란다.

사람들 앞에서 발표할 정보를 확실히 암기하기 위해 프레젠테이션 모임을 연 상황이라고 한다면 쉽게 이해가 될 것이다. 상대의 발표에 대한 의견을 말할 때 아웃풋 방법에 대해서도 조언을 아끼지 말아야 한다는 얘기다. 그 조언이란 이를테면 '이야기 순서를 바꾸는 편이 좋겠다' 라는 식의 의견이다.

이를테면 비트코인이 은행 업무에 미치는 영향에 대

해서 다음과 같은 순서로 발표했다고 하자.

- **해외 송금 수수료가 인하된다(결론)**
  - → 왜냐면(이유)
  - → 안전성에서 문제가 없다(제기될 지적에 대한 답변)
  - → 구체적으로 ○○엔 정도 인하된다(구체적)

순서를 이렇게 바꿀 수도 있을 것이다.

- **해외 송금 수수료가 인하된다(결론)**
  - → 구체적으로 ○○엔 정도 인하된다(구체적)
  - → 왜냐면(이유)
  - → 안전성에 대해서도 문제가 없다(제기될 지적에 대한 답변)

'이런 순서로 발표하는 쪽이 쉽게 이해되지 않을까' 하는 조언의 예다. 암기 자체가 아니라 '암기해서 성과를 내는 것'이 주된 목표이므로 성과로 귀결되는 조언을 하는 것이 중요하다.

그 밖에도 화법, 시선 처리, 목소리 톤에 대해서도 느낀 점이 있다면 이런 부분에 대한 조언도 아끼지 말자. 그야말로 진정한 의미에서 선의의 경쟁자가 되라는 뜻이다.

시험을 염두에 두었을 때도 '아웃풋 방법까지 아우르는 조언'이 효과적이다. 프레젠테이션에서 했던 설명을 그대로 옮겨 적으면 되니까 답안을 작성하기가 쉬워진다. 시험 대책도 앞에서 언급한 바와 같이 설명 순서에 대해 다른 의견이 있다면 조언할 필요가 있다.

정답에 영향을 줄 약점이 보인다면 그것에 대해서도 조언을 아끼지 말자. 이를테면 발표자가 프레젠테이션에서 세 가지 이유를 들었는데 그 가운데 하나에 대한 설명이 유독 늘어졌다면, 다른 이유와 비슷한 정도의 시간 안배가 필요할 듯싶다는 식의 조언을 하는 것이다. 시험에서 답안지를 작성할 때도 다른 이유들보다 그 부분의 서술이 길어질 우려가 있기 때문이다.

이처럼 아웃풋 자체뿐 아니라 그 방법에도 세심한 주의를 기울인다. 성과를 내기 위해 할 수 있는 방법은 모두 적극적으로 수용해보자.

아웃풋의 양을 미리 따져본다

그런데 하다 보면 상황에 따라 요구되는 아웃풋의 크기가 다르다는 벽에 부딪히게 된다. 이는 바로 다음과 같은 의미다.

영업사원이 자사 상품의 특징을 설명하는 장면을 상상해보자. 이를테면 와인숍 직원이 새로 수입된 시칠리아 와인에 대해 공부하고 그것을 판매한다고 하자. 시칠리아 와인은 포도 품종이 엄청나게 다양하고, 어떤 의미에서는 마니아적 개성이 강한 상품이다. 당신이 판매자라면 와인을 구입하려는 고객에게 어떻게 설명하겠는가? 포도 품종, 맛, 향기, 산지 특성, 제조법 등 와인 한 병에도 무수히 많은 스토리가 담겨 있다. 와인 전문가답게 당연히 모든 정보를 암기하고 있을 테지만, 상품을 소개하는 방법은 판매자마다 천차만별이다.

여기서 놓치지 말아야 할 것이 아웃풋의 크기가 상황에 따라 달라진다는 사실이다. 예컨대 진열된 와인을 느긋하게 둘러보면서 시칠리아 와인에 관심을 보이는 단골손님이라면 그 한 가지 와인의 설명을 듣는 데 5분이 걸려도 지루하다는 반응은 보이지 않을 것이다. 판매자 입장에서는 5분간 설명해야 하므로 아웃풋의 크기가 그만큼 더 커진다.

반면, 딱히 정한 것 없이 막연하게 오늘 마실 와인을 사러 온 초면의 고객에게는 와인 한 가지를 설명하는 데 많은 시간을 들이지 않는다. 기껏해야 1분 이내로 간단명료하게 끝내거나, 고객이 남다른 흥미를 보인다면 시간을 좀 더 늘리는 정도일 것이다.

이처럼 상황에 따라 아웃풋의 크기가 달라지므로 무조건적인 암기가 아니라 각각의 상황에 맞춰 아웃풋의 크기를 달리 상정한 암기가 되어야 한다. 아웃풋의 크기를 자유자재로 변형하고 변환할 수 있도록 암기 시작 단계부터 연구가 되어야 한다.

다양한 각도로 방법을 생각해두면 그때그때 상황에 맞춰 아웃풋의 크기를 변화시킬 수 있다. 다양한 각도로 방법을 생각한다는 것은 공부하는 중에 내가 나에게 설명하는 '셀프 강의'를 진행하고, 그 셀프 강의의 패턴을 시간별로 여럿 준비하는 것을 말한다. 이 방법은 효과가 매우 크다.

내가 나에게 설명하는 아웃풋 학습을 하면 쉽게 암기가 된다. 예컨대 시칠리아 와인에 대한 지식을 습득하고자 한다면 시칠리아 와인의 매력을 자신에게 설명하는 것이다. 가능하면 입 밖으로 소리를 내서 생략하는 것 없이 세일즈 포인트를 짚어가면서 암기하자. 그러면 훨씬 더 쉽게 외워진다. 내가 나에게 설명하는 동안 지식이 정리되고 기억이 강화되는 것이다. 설명하려는 자세가 이해를 도와서 점점 더 효율적으로 암기하게 한다.

셀프 강의는 한 가지로 끝낼 게 아니라 다양한 크기로, 여러 형태로 준비한다. 일테면 충분히 설명한다, 적당히 설명한다, 간략히 설명한다 등 다양한 패턴으로 설명법을 준비하는 것인데 그 자체가 공부가 된다.

여러 크기의 정보를 준비할 때 유용한 팁 하나가 바로, 설명을 위한 정보를 시간별로 분리하는 것이다. 이를테면 5분 설명 패턴, 3분 설명 패턴, 1분 설명 패턴 등 시간별 패턴을 준비하는 방법이다.

시간은 공부 내용에 따라 각기 달라진다. 와인숍 판매원이 공부할 와인 지식은 '5분 설명, 3분 설명, 1분 설명'이면 충분하다. 실제 아웃풋 상황에서 설명은 기껏해야 그 정도 선에서 이루어지기 때문이다.

그런데 자동차 딜러라면 더 많은 시간을 들여서 제품을 설명해야 한다. 고객 1명을 상대로 3분이나 5분이 아닌 적어도 30분, 길게는 2시간 이상씩 설명하는 게 일반적이다. 이런 경우는 '30분 설명', '1시간 설명', '2시간 설명' 상황을 상정해서 복수의 설명 패턴을 준비한다.

그러나 40대는 시간이 없으므로, 설명 자체가 장시간을 요구한다 하더라도 셀프 강의 때는 굳이 그 시간만큼 준비할 필요는 없다. '1시간 설명은 ○○과 □□를 이야기한다', '2시간 설명은 ○○과 □□뿐 아니라 △△도 이야기한다' 라는 식으로 요점을 잡아서 공부하면 충분하다. 눈코 뜰 새 없이 바쁜 상황에서 효과와 효율 두 마리 토끼를 모두 잡기 바란다.

아웃풋 순서를 역삼각형 구조로 정리한다

그러면 이제 정보를 정리해야 한다는 과제가 남아 있다. '5분·3분·1분' 식으로 시간에 따른 설명 패턴을 만들어서 암기한다는 핵심은 이해했지만, 같은 주제의 설명 패턴을 여러 개 만드는 것 자체가 고난도의 일이다.

이럴 때 필요한 것이 '역삼각형 구조'다. 역삼각형 구조는 신문기사를 작성할 때 사용하는 글쓰기 방법이다. 일반적인 문장은 기승전결 구조로 결론을 뒤에 두는 경우가 많은데, 신문기사는 이와 반대다. 신문기사는 제복, 리드(개요), 본문(상세)으로 구성되어 있다. 다시 말해 맨 앞에 나오는 정보가 제목, 즉 결론이다. 이어서 리드에는 제목과 관련된 개요가 정리된다. 리드에서도 맨 앞에 중요한 정보를, 뒤쪽으로 갈수록 중요도가 떨어지는 정보를 배치한다. 그리고 본문에서 상세한 내용을 소개한다.

이런 식으로 기사를 작성하는 이유는 무엇보다 독자가 쉽게 이해할 수 있게 하기 위해서다. 결론을 미리 알고 있으면 그 결론을 머릿속에 그리면서 본문을 읽게 된다. 앞서도 설명했듯이 결론을 처음부터 알고 있으면 내용을 더 쉽게 이해할 수 있다.

신문기사를 역삼각형 구조로 작성하는 이유 중 또 하나는 편집하기 쉽다는 점이다. 신문사는 한정된 지면에 기사를 배치해야 하므로 기사의 수에 따라 종종 각 기사의 크기를 조정한다. 역삼각형 구조로 기사를 쓰면 불필요한 부분을 밑에서부터 쳐내면 되기에 편하다. 편집할 때 '어디를 자를지' 고민할 필요 없이 그냥 밑에서부터 잘라내는 식으로 중요도가 낮은 정보를 걸러내는 것이다. 이것이 역삼각형 구조의 장점이다.

여러 시간 단위의 설명 패턴을 만들 때도 역삼각형 구

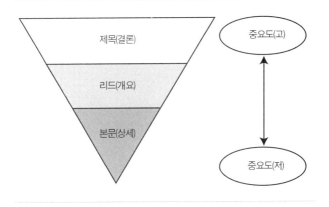

〈그림 6〉 역삼각형 구조

제목(결론)

리드(개요)

본문(상세)

중요도(고)

중요도(저)

조가 요긴하다는 건 이미 이해했을 것이다. 역삼각형으로 정보를 정리해두면 '5분 길게 설명', '3분 중간 설명', '1분 짧게 설명' 하는 식으로 정보를 빠르고 간단히 변형할 수 있다.

인상적으로 아웃풋을 의식한다

지식을 언제든 적절히 끌어낼 수 있게 되려면, 암기한

내용을 일상생활에서 아웃풋하는 것도 매우 중요하다.

지식은 쓰면 쓸수록 더 잘 생각나고 응용하기도 쉽다. 반면, 사용하지 않으면 응용은커녕 까마득히 잊어버린다. 그러므로 잊지 않으려면 공부한 지식을 몇 번이고 반복해서 사용해야만 한다. 그렇다고 긴장할 필요는 없다. 문득 기억을 떠올리는 것만으로도 충분하니 말이다.

이를테면 비트코인을 생각해보자. 비트코인이 은행 업무에 미치는 영향에 대해 공부했다면 은행에 갔을 때 '그러고 보니 비트코인을 활용하면 송금 수수료가 크게 감소한다고 했지' 하고 상기하면 된다.

기억을 상기할 때는 구체적으로 '그 상황'의 정경과 오버랩해서 떠올리는 것이 보다 효과적이다. '비트코인을 활용하면 송금 수수료가…'라며 단순히 기억을 떠올리는 게 아니라 송금 창구를 보면서 머릿속의 생각에 정경을 오버랩하는 것이다. 그러면 나중에 은행에 들러 송금 수수료를 확인하면서 '상당히 비싸네'라고 느끼기만 해도 기억이 점점 더 강화된다.

애써 습득한 지식을 언제라도 상기할 수 있도록 녹슬

지 않은 상태로 유지하려면 평소 관리가 중요하다는 점을 명심하자. 어떤 공부가 됐든 공부는 책상 앞에서만 하는 게 아니다.

6장

40대의
공부·암기 고민에 대한
해법

지금까지 40대의 암기력이 떨어지는 원인과 암기의 세 가지 함정에 대응하는 요령을 이야기했다. 또 거기서 얻은 지식을 어떻게 지력으로 바꿀지, 다시 말해 어떻게 아웃풋할지에 대한 이야기도 했다.

이제 마지막으로, 자격증 학원 강사인 내게 40대 수강생들이 자주 던진 질문에 대해 Q&A 형식으로 답할까 한다. 처한 상황은 저마다 다르겠지만, 같은 고민을 안고 있는 사람들의 솔직한 목소리와 그에 대한 해결책이 공부와 암기에 조금이나마 자극이 되고 격려가 되었으면 하는 바람이다.

40대는 모든 면에서 정말 불리한 걸까요?

Q 40대 중반에 접어들었는데요. 능력 향상을 목적으로 지금부터 공부하려 합니다. 문제는 제 나이인 것 같아요. 경쟁자는 동년배도 있지만 대부분 저보다 어린 사람들입니다.

40대는 30대나 20대보다 공부하기가 정말로 불리한 걸까요? 40대에게 유리한 면이 있다면 어떤 것일까요?

A 나이가 들수록 눈앞에 보이는 정보를 그대로 암기하는 능력은 떨어집니다. 저 또한 초등학생 때는 문장을 통째로 외우기도 했지만, 지금은 요령 없이는 불가능합니다. 나이가 많을수록 눈앞에 보이는 정보를 고스란히 암기하는 단순 암기력에서는 젊은 사람에게 뒤지기 마련입니다. 하지만 습득한 지식을 활용하는 단계에 이르면 그간의 사회 경험이 효력을 발휘하지요. 이것이 바로 40대에게 유리한 부분입니다.

이미 언급했듯이 단순한 암기는 의미가 없다. 지식은 필요한 상황에서 활용 가능할 때 비로소 가치를 지닌다. 공부 목표는 인풋한 지식을 상황에 맞춰서 적절하게 활용할 수 있을 때 달성된다. 이것이 바로 지력이다.

40대가 20대나 30대에 비해 우월한 부분은 경험이다. 앞서 경험이 풍부할수록 '만약에 증후군'에 사로잡히기 쉽다고 이야기했다. 하지만 경험이 전혀 도움이 안 된다는 뜻이 아니다. 최종 단계에서 지식을 지식답게 사용하려면 정보가 책상 위 지식으로 끝나서는 안 된다. 그동안 쌓아 올린 경력과 경험이 정보와 만나서 결합할 때 '살아 있는 지식'으로 재탄생하고, 완전한 자기 것으로 정착되기 때문이다.

암기하려는 정보가 현실 상황에서 어떻게 등장하는지 경험에 비추어 생각하는 훈련을 평소에 하기 바란다. 간단한 예를 들어보겠다. 이를테면 '금속'에 관한 공부를 하는데 다음과 같은 정보를 만났다고 하자.

티타늄이 가벼운 비밀은 그 밀도에 있다. 티타늄의 밀도는 4.51g/㎤로, 스테인리스가 7.7~7.9g/㎤인 것에 비하면 상당히 낮다.

이 정보를 글자에 새겨진 뜻만 암기하려 할 게 아니라 활용 가능한 지식으로 치환하려면 이제까지의 경험과 연결해야 한다.

이를테면 당신이 지금까지 구입한 손목시계 가운데 스테인리스 시계와 티타늄 시계가 있다고 해보자. 티타늄 관련 공부를 하고 있을 때 그 시계들을 떠올리면서 '아닌 게 아니라 티타늄 시계가 스테인리스에 비해 40퍼센트 정도 가볍구나' 하고 생각하는 것이다. 경험과 연결할 때 '어려운 무언가'와 연결 지으려고 애쓸 필요는 없다. 일상생활에서 자연스럽게 접할 수 있는 물건이나 일과 연결하면 된다.

암기하고자 하는 정보와 자신의 경험이 연결돼 실제 체험으로 이어지면 기억이 탄탄히 자리 잡는다. 그 기억은 자신의 경험이 녹아든 지식이다. 따라서 설명이 설득력을 갖게 되고, 아웃풋 역시 목표 달성에 한 걸음 다가설 수 있게 도움을 주는 형태로 발현된다.

40대라고 해서 공부의 모든 면에서 불리하지는 않다. 40대에게는 40대 나름의 강인함이 있으니 이를 믿고 공부에 매진하기 바란다.

Q 목표를 이루려고 공부를 시작했습니다. 하지만 적지 않은 시간을 공부에 쓰고 있는데도 효과는 그다지 모르겠습니다. 업무에 필요한 전문지식을 습득하기 위한 공부인데 논문을 읽어도 내용이 머릿속에 들어오지 않습니다.

A 공부의 효과를 금세 느끼지 못해도 조바심낼 필요 없습니다. 공부의 효과가 나타나는 건 지식이 어느 정도 정리되었을 때쯤이니까요. 오늘 공부했다고 내일 당장 효과가 나타나는 게 아니라 효과가 나타날 때까지 시차가 있습니다. 전문지식을 습득하기 위한 공부는 더욱 그렇습니다. 시차가 느껴지는 기간에도 목표를 향한 발걸음을 멈추지 말고 꾸준히 정진하기 바랍니다.

'공부를 해도 그 효과가 느껴지지 않는다.' 이는 공부하는 사람에겐 몹시도 괴로운 일이다. 특히 어른의 세계에서 공부는 엄연한 투자다. 따라서 공부의 성과를 실감하지 못하는 건 투자 성과를 실감하지 못한다는 말과 같은 뜻이다. 가벼이 넘길 문제가 아니다.

하지만 명심하기 바란다. 공부해서 그 효과를 실감하게 되는 건 어느 정도 시간이 지나고 나서다. 쉬지 않고 공부하는 가운데 어느 시점을 지나면 문득 전문서적을 술술 읽을 수 있게 되거나 모의고사에서 높은 점수를 얻게 된다. 공부의 성과는 계속해서 상승선을 타는 게 아니다. 계단처럼 층계참(성과를 느끼지 못하는 기간)이 있고 그곳을 벗어남과 동시에 1단계 성큼 발전하는 양상을 보인다. 공부의 성과가 계단식인 이유는 성과로 이어지는 지식 대부분이 지식의 복합체로 변용되어야 활용할 수 있기 때문이다.

앞서 티타늄에 대해 언급했다. 티타늄은 금속이면서도 매우 가볍다. 티타늄의 밀도는 $4.51g/cm^3$이며 같은 금속인 스테인리스에 비하면 40퍼센트 가까이 밀도가 낮다.

여기서 알아야 할 것은 '티타늄은 가볍다'라는 정보를 명확히 인식하고 간단하게라도 설명할 수 있으려면, 여러 개의 정보를 확보해야 한다는 점이다. 즉 '밀도는 낮으면 낮을수록 가볍다', '티타늄의 밀도는 4.51에 불과하다', '스테인리스와 비교하면 40퍼센트 가까이 밀도가 낮다' 등 3개의 지식이 모여서 '티타늄은 가볍다'라는 정보를 아웃풋할 수 있다. 그럼으로써 지식으로서 유용한 가치를 지니는 단계에 도달하는 것이다.

티타늄은 매우 간단한 예시에 지나지 않지만 외국어를 배우거나 전문지식을 습득할 때도 마찬가지다. 복수의 지식이 한 세트로 모였을 때 유용성을 지니게 된다.

그러므로 공부 난도가 높을수록 지식을 하나로 묶는 시간이 필요하다. 공부 대상의 전문성이 높으면 높을수록 복수의 정보가 복잡하게 얽혀 있다. 따라서 지식을 사용할 수 있게 되기까지 그 배경을 이루는 더 많은 지식이 필요해진다.

가장 안타까운 건 지식이 어느 정도 세트를 형성하기 전에 공부를 중단하는 것이다. 효과가 없는 게 아니라 효과를 실감할 수 있는 단계에 아직 도달하지 않았을 뿐인데 말이다.

40대인 당신, 귀중한 시간을 공부에 투자하고 있지 않은가. 효과를 실감할 때까지 시간이 걸린다는 사실을 기억하고 절대 중도 포기하지 말기를 바란다.

돌아서면 금세 잊어버려요

Q 40대로 들어서니 암기력이 떨어진 데다 애써 암기한 것도 잘 잊어
버립니다. 기껏 힘들게 외웠는데 1주일, 1개월이 지나면 전혀 생각
이 나지 않을 때가 많습니다. 어떻게 하면 좋을까요?

A '나이를 먹을수록 잘 잊어버린다, 뭔가 뾰족한 수는 없을까?' 이
또한 40대가 자주 하는 고민입니다. 암기력 저하를 느끼는 데다 기
억을 유지하는 데에도 고민을 안고 있는 연령대가 바로 40대이지
요. 적절한 대책을 마련해서 지식이 빠져나가지 않도록 해야겠습
니다.

인간은 본래 망각의 동물로 태어났다는 사실을 인식하는 게 무엇보다 중요하다. 당연한 이야기지만 다시금 명심하기 바란다.

인간이 망각의 동물로 태어난 건 아마도 일상생활에 지장을 초래하지 않기 위해서일 것이다. 출근길에 눈에 들어온 상점의 지붕 색이나 지하철 맞은편 좌석에 앉았던 사람의 복장 등 일상에서 마주치는 사소한 것들을 모두 기억한다면 우리 머리는 용량 초과로 터져버릴 것이다. 평온한 일상을 보내려면 망각이 반드시 필요하다.

그런데 이 당연한 사실이 공부하는 사람을 고민에 빠뜨린다. 기억을 유지하고 싶은데 그게 잘 안 되니 말이다. 뭔가 대책이 필요하다.

기억을 유지하기 위한 대책은 '암기하는 시점의 대책'과 '암기한 후의 대책'으로 나눌 수 있다.

일차적으로 암기하는 시점의 대책이 필요하다. 이 책에서 지금까지 소개한 암기법을 활용할 때, 중요한 전제 조건이 있다. 정보에 '임팩트'를 부여해야 한다는 것이다. 임팩트 있는 정보는 기본적으로 기억에 오래 남기 때문이다. 같은 정보도 환경이 특수하면 특수할수록 잊어버리기 힘든 기억으로 자리 잡기 마련이다.

임팩트와 관련해서 자격증 학원의 선배 강사 한 사람이 생각난다. 담담하게 수업을 끌고 가는 강사가 대부분인 학원에서 그는 '촌극'을 하듯 강의했다. 그의 강의엔 언제나 수강생이 몰렸고 합격자도 많이 나왔다. 그의 인기는 하늘을 찔렀다.

'촌극 강사'의 수업에 학생이 몰린 건 당연한 결과다. 설명 방법이 강렬해서 강의만 들어도 지식이 쌓여가기 때문이다. 그렇다, 그 수업에는 확실히 임팩트가 있었다.

당신에게 촌극 강사는 없을지라도 정보에 임팩트를 부여하는 방법은 얼마든지 있다. 정보를 영상화해서 상상한다, 알고 있는 정보와 같은 정보가 있으면 'ㅇㅇ와 똑같다!'라고 연관 지어서 암기한다, 눈앞에 보이는 정보를 깊이 파고들어서 암기한다 등 잠깐만 생각해도 수많은 방법을 떠올릴 수 있다.

기억을 유지하려면 암기한 뒤에도 대책이 필요하다. 기억의 유지 · 관리를 철저히 하는 게 그것이다.

지식은 사용하지 않으면 시간이 갈수록 퇴화한다. 그야말로 용불용설이다. 따라서 잊어버리기 전에 활용하면 된다. 어려울 것도 없다. 일상생활에서 반복 실천하는 것만으로도 기억은 놀랄 만큼 잘 유지된다.

기억을 유지하고 관리하는 데 무척 유용한 방법이 있다.

공부를 목적으로 책을 읽는다면, 읽으면서 요점이 되는 부분에 밑줄을 긋는다. 그리고 완독한 후 다시 첫 장으로 돌아가 밑줄 친 부분만 한 번 더 읽는다. 그리고 1주일 후, 1개월 후 기억이 흐려질 때쯤 다시 한번 밑줄 친 부분을 찾아서 읽는다. 이런 식으로 책 내용을 수차례 접하면 지식이 탄탄하게 정착된다.

기억을 상기하는 습관도 기억을 유지·관리하는 한 가지 방법이다. 공부한 내용을 책상에서만 되새기는 게 아니라 출퇴근 중이나 틈새 시간에 기억을 떠올리는 훈련을 하는 것이다. 이때 생각나지 않는 부분이 있다면 따로 메모해두었다가 나중에 복습한다.

Q 40대 직장인입니다. 자격증을 취득해서 업무 능력을 업그레이드
하기 위해 지금부터 공부를 하고 싶습니다. 그런데 어떤 자격증을
취득하면 좋을지 범위가 좁혀지지 않습니다. 공부에 대한 동기는
있는데 목표를 설정하기가 어렵네요. 어떤 공부를 하면 좋을지, 그
것을 어떻게 결정하면 될지 알고 싶습니다.

A 목표를 설정할 때부터 어긋난다면 공부를 마친 후에도 만족스러
울 수 없습니다. 공부한 건 좋은데 별 도움이 되지 않는 지식만 입
력되고, 그마저도 시간과 함께 사라져버리는 안타까운 결과를 얻
을 우려가 있지요. 목표를 설정할 때 가장 중요한 것은 자신이 흥
미를 가지는 분야인가, 그리고 지금까지의 경력과 관련성이 있는
가 하는 것입니다.

젊어서는 어떨지 모르지만 나이가 들수록 달려가는 방향이 매우 중요하다. 흥미 본위로 질주했는데, 다다른 곳에 아무것도 없다면 그때까지의 노력은 물거품이 되고 만다. 40대의 귀중한 시간을 투자하는 만큼 확실한 목표를 정해서 달려나가야 한다.

그렇다면 공부하려는 결심이 섰을 때 '무엇'을 목표로 삼으면 좋을까? 자격증 학원에서 강의를 하다 보면 '어떤 자격증을 따야 좋을까요?'라는 질문을 자주 받는다. 실제로 목표 설정 방법을 잘 모르는 사람이 허다하다.

목표를 설정할 때 중요한 건 '흥미' 그리고 '경력과의 관련성'이다. 연배가 있는 만큼 이 점의 중요성을 가슴 깊이 새겨두기 바란다.

먼저, 목표 설정에 흥미가 기준이 된다는 건 두말할 필요가 없다. 애초에 흥미가 없는 분야라면 아무리 공부해도 내용이 머릿속에 입력되지 않는다. 한편, 흥미가 있으면 하찮은 정보마저도 그냥 외워지기 때문에 흥미 있는 분야의 공부를 해야 한다.

문제는 흥미가 있다 해서 그게 다가 아니라는 것이다. 취미로 하는 공부라면 상관없겠으나 능력을 향상시키는 것이 목적이라면 흥미 본위로 목표를 설정해선 안 된다. 자신의 경력과 어느 정도 관련성이 있는 분야여야 한다.

새롭게 자격증을 취득하고 싶다면 취득 후 활용할 데는 있는지를 미리 따져보기 바란다. 이를테면 부동산 중개업에 종사하는 사람이 공인중개사 자격을 취득하는 건 업무적으로 확실히 유리하다. 하지만 부동산 업계가 아니라 일반 기업 총무부에 근무하는 사람이라면 그 자격을 취득해봐야 별 의미가 없다. 지금의 업무 또는 지금까지 쌓아온 경력과 관련성이 거의 없고, 수입이나 업무 활동과도 연관성이 없기 때문이다.

물론 지금은 기업 총무부에 근무하지만 공인중개사 자격증을 취득해서 부동산 업계로 이직할 수는 있다. 하지만 20대라면 또 모를까, 40대에 전혀 다른 업종으로 옮기는 것은 불모지에서 새로 시작하는 것과 마찬가지다. 지금껏 다져온 경험과 인맥이 무용지물이 되어버릴 소지가 다분하다. 이런 리스크에 비하면 일시적으로 수

입이 급격히 줄어드는 것쯤은 아무 일도 아닐 것이다.

　40대에게 평생 쌓아온 경력은 재산이다. 경력을 발판으로 다음 스텝, 즉 공부 목표를 생각하는 게 적절하다. 목표로 하는 공부의 내용이 이제까지 쌓은 경력과 관계가 있는지를 고려해서 공부에 매진하기 바란다.

자격증을 따려면 학원에 반드시 다녀야 하나요?

Q 어떤 자격증을 취득하기 위해 공부하고 있습니다. 그 시험은 합격률 10퍼센트 미만으로 이른바 '난공불락의 시험'에 해당하고, 합격자 대부분이 독학하지 않고 자격증 학원에 다녔다고 합니다. 이런 시험을 저는 다른 일을 하면서 준비해야 합니다. 잠자는 시간도 부족한 처지이지만, 저 역시 학원에 다녀야 할까요? 통학 시간 등을 생각하면 학원을 이용해야 할지 망설여집니다.

A 난공불락의 시험을 보려면 학원을 이용해야 합니다. 단 학원을 이용하는 방법이 다른 일을 하지 않고 시험공부에만 전념하는 사람과는 다릅니다. 바쁜 사람에게 어울리는 이용 방법이 따로 있습니다.

자격증 취득을 목표로 공부하는 40대 직장인이 많다. 나 또한 자격증 학원 강사로서 다양한 수험생을 만났는데 예전에 비해 10~20대 젊은 층보다 40~50대가 눈에 띄게 증가했다. 70세가 넘어서도 현역에 몸담고 있는 사람이 많은 요즘 시대에 자격증을 취득해서 새로운 도약의 발판으로 삼으려는 40~50대 수험생의 투혼에 진심으로 고개가 숙여진다.

40대에 자격증 시험을, 그것도 어렵기로 유명한 자격증 취득을 목표로 할 때 걱정되는 점은 '학원 이용'에 관한 것이다. 부기 3급이나 한자검정 3급 같은 경우는 독학도 괜찮을 듯싶지만 난공불락의 시험을 치르려 한다면 학원 수강 문제를 진지하게 검토해봐야 한다.

결론을 말하자면 공부에 대단히 익숙한 사람이 아닌 이상 학원에 다녀야 한다. 합격자 대부분이 학원에 다녔다고 하는 것도 혼자 공부하기가 만만치 않았기 때문일 것이다.

학원을 이용할 때의 이점은 무엇보다 시간이 절약된다는 것이다. 학원에 가는 시간과 학원을 이용하는 시간이 소요되는 건 분명하지만, 전체적으로 봤을 때 학원은 시간을 벌 수 있는 곳이다. 쓸데없는 시간을 줄여주기 때문이다.

합격률이 낮은 어려운 시험은 떠도는 정보가 무수히 많다. 많은 정보 속에서 '합격하려면 반드시 암기해야 할 정보', '암기해두면 좋은 정보', '암기할 필요가 없는 정보'를 수험생이 분류해서 공부해야 한다. 하지만 역설적이게도, 이런 분류는 공부 수준이 합격점에 도달했을 때 가능한 일이다. 처음 도전할 때부터 중요도를 판단하는 건 무척 어려운 일이다.

그런데 학원에는 강사가 중요도를 근거로 분류한 족집게 자료가 있다. 결과적으로 보면 정보 압축 작업에서 해방되는 것이며, 따라서 금쪽같은 시간을 공부가 아닌 다른 곳에 소비하지 않아도 된다. 학원 수업을 듣는 게 오히려 시간을 절약하는 셈이다.

주의할 점은 학원을 이용하는 방법이다. 바쁘기 그지없는 40대 직장인 수험생은 오로지 공부만 하는 전업 수험생과 같은 방식으로 학원을 이용하면 불리하다.

강의 수강료는 학원의 수익원이다. 그래서 학원 상담 창구에서는 수강생의 라이프 스타일을 참고는 하지만, 대체로 단가가 높은 강의를 추천한다. 단가 높은 강의란 수업 차시가 많은 강의를 말한다.

전업 수강생은 수업 차시가 많아도 복습할 시간이 충분하기 때문에 어렵지 않게 진도를 따라갈 수 있다. 하지만 일과 공부를 병행하는 수험생은 따라가기가 매우 어렵다. 워낙에 시간이 없으므로 수업 차시가 많은 강좌를 수강한다 해도 복습을 제대로 하지 못하고, 그러면 수업 내용을 소화하지도 못한다.

일과 공부를 병행하는 사람은 강의 선택에 신중을 기해야 한다. 이미 다른 시험 등을 목적으로 공부한 과목이 있다면 그 과목은 수강하지 않아도 된다. 이를테면 법무사 시험을 준비할 때 사회법을 공부한 나는 공인회계사 시험에서는 사회법 강의는 거의 듣지 않았다. 이전 시험 때 공부를 해두었던 터라 시간을 절약하려는 의도였다.

단가 높은 강의에 부속된 특강도 잘 따져보기 바란다. 이를테면 강좌의 본체인 인풋 강의와는 별도로 특강 형식의 아웃풋 프로그램이 개설되어 있는 강의가 있다. 바쁜 40대 수험생에게 특강 수강은 불필요할 때가 많다. 그 내용도 어디까지나 특강에 불과하기 때문이다.

참석할 필요가 있는 특강인지 아닌지는 시험 합격자에게 물어보면 알 수 있다. 주변 사람 중에 합격자가 없더라도 학원 중에는 합격자 강사가 있는 곳도 있으니 이들에게 적극적으로 물어보는 것이 좋다.

환경을 공부에 최적화하는 방법이 없을까요?

Q 공부하고 싶다는 생각은 늘 하고 있습니다. 하지만 일이 바쁘기도 하거니와 가정이 있는 입장이라서 실행할 엄두를 못 내고 있습니다. 어떻게 하면 실행으로 옮길 수 있을까요? 공부 환경을 마련하지 못해서 전전긍긍하고 있습니다.

A 공부 환경을 조성하려면 '소프트'한 면과 '하드'한 면 모두를 배려하지 않을 수 없습니다. 소프트한 면이란 가족을 포함한 주위의 이해를 구하는 일입니다. 하드한 면은 짧은 시간이라도 집중하기 위해 공부 장소를 마련하는 것을 말합니다. 양쪽 모두가 갖추어졌을 때 공부가 진척을 보입니다.

이 책에서 여러 번 언급했듯이 40대는 일과 가사로 바쁜 나날을 보낸다. 하지만 아무리 바쁘더라도 목표 달성을 위해서 공부를 해야만 하는 상황이 있다. 공부를 하려면 먼저 환경을 정리해야 한다. 앞서 말했듯이 여기에는 소프트한 면과 하드한 면이 있다.

소프트한 면은 주위의 이해를 구하는 것을 의미한다. 학원 강의를 하며 깊이 느낀 사실은 바쁜 일상을 사는 사회인으로서 목표를 달성한 사람들 대부분이 주변의 이해를 얻은 사람들이었다는 것이다. '주변' 가운데 가장 비중을 두어야 할 곳은 가족이다. 특히 자녀가 있는 사람은 공부 때문에 자녀 양육의 상당한 부분을 배우자에게 의존하게 되므로 배우자의 이해 없이는 공부가 불가능하다고 해도 과언이 아니다. 결혼하지 않은 사람도 공부 때문에 연인과 보내는 시간이 줄어들 것이므로 이 또한 이해를 구해야 한다.

직장 동료들의 이해마저 얻는다면 공부 면에서는 천군만마를 얻는 셈이다. 동료의 이해를 구한 상태라면, 시험이 코앞에 닥쳐 야근을 줄여야 할 때도 크게 도움이 될 것이다. 같은 맥락에서, 합격 후 이직을 전제로 한 시험을 준비 중이라면 직장 동료에게 알리지 않는 편이 나을 수도 있다.

주위의 이해를 구하려 할 때 목표 달성을 향한 열의를 전달하는 것만으로는 설득력이 떨어진다. 이해를 얻고자 하는 상대에게 공부 기한을 분명히 밝힌다. 'ㅇㅇ년 ㅇ월까지 결과를 내겠다'라고 선언하는 것이다. 기한을 밝히는 게 상대방이 안심하고 편의를 봐주게끔 하는 한 가지 방법이다. 기한을 공표했기 때문에 자신도 긴장감을 가지고 더욱 집중해서 공부하게 된다.

다음은 하드한 면이다. 없는 시간을 쪼개서 하는 공부이므로 짧은 시간이라도 집중하는 게 우선이다. 그러기 위해서는 공부 공간을 마련하는 게 효과적이다. 공부방까지는 아니더라도 이를테면 '테이블 오른쪽 끝자리는 공부하는 장소'로 정하고 그 주변에 공부와 관련된 도구를 비치한다. 그 자리에 앉으면 자연스럽게 공부 모드로 바뀌는 환경을 스스로 조성하는 것이다.

또 상황이 허락한다면 이사를 하는 것도 효과적이다.

자녀가 있는 사람에게는 실행 가능성이 희박할 수도 있는데, 자녀가 없는 세입자라면 공부 시간을 확보하기 위해 직장 근처로 거주지를 옮기는 것도 생각해볼 만하다. 직장과 거주지가 엎어지면 코 닿을 거리에 있다면 공부 시간을 많이 확보할 수 있다.

소프트한 면과 하드한 면으로 환경을 정비하여 공부할 수 있는 상태를 만들기 바란다. 학생 때와는 달리 40대의 공부는 일차적으로 공부 환경이 조성되어야 한다.

어렵게 시작을 해도 금세 의지가 약해지고 말아요

Q 공부를 처음 시작할 때는 의욕이 넘쳤는데 서서히 의지가 약해지고 있습니다. 지금 토익 시험을 준비 중인데 이번이 처음은 아닙니다. 3년 전 공부를 시작했고 그땐 몇 개월 못 가서 접었습니다. 다시 한번 도전하기로 마음먹고 공부를 시작한 건 잘한 일인 것 같은데, 이번에도 갈수록 의욕이 사라지고 있습니다. 공부를 포기하고 싶지는 않은데 어떡하면 좋을까요.

A 동기 부여는 어떤 공부가 됐든 목표 달성을 위해 필수 불가결한 조건입니다. 꾸준한 자세는 목표에 이르기 위한 필수 요소이며 동기 부여가 되지 않으면 지속하는 게 힘들기 때문입니다. 동기 부여를 지속하려면 타인의 힘을 빌리는 것, 자기 주변 환경을 정돈하는 것 등이 모두 필요합니다.

40대가 공부에 대한 동기 부여를 지속하기 힘든 건 당연하다. 40대가 처한 환경이 그렇기 때문이다. 40대 대부분은 '일'을 하고 있다. 대부분 고등학교나 대학교를 졸업하고 직업 세계에 입문하여 나름의 경력을 구축한 사람들이다. 밖에 나가 돈을 번다는 의미의 일은 아니지만, 이른바 '전업주부'라는 직업을 가진 사람들도 있다. 한 가정의 중추로서 바쁜 나날을 보내는 건 여느 직장인과 다를 바 없다.

　40대 대부분이 사회적 위치를 가지고 있다. 공부로 목표를 달성하고 더 높은 위치로 올라서기를 끊임없이 원하며, 지금도 대부분은 어엿한 위치에 올라서 있다. 그 위치가 공부의 동기 부여에 영향을 준다. 공부를 시작하고 시간이 지나면 처음과 달리 어려운 내용과 맞닥뜨리게 된다. 자연스러운 순서다. 이런 상황에서 현재 상태의 일이나 위치가 있다면 그것이 일종의 유혹, 즉 '탈출구'가 된다. '꼬박꼬박 들어오는 수입이 있으니 여기서 멈춰도 괜찮지 않을까?' 하고 공부 의지가 약해질 수 있다.

　동기 부여를 지속하는 방법은 한두 가지가 아니지만,

가장 우선시되어야 할 것이 '탈출구' 차단이다. 공부를 할 수밖에 없는 환경, 공부를 안 하는 변명이 통하지 않는 환경을 스스로 만드는 것이다.

타인에게 자신이 공부를 한다는 사실을 발표하고, 나아가 공부 목표를 공표해보자. 토익 시험이라면 "다음 시험엔 800점 돌파다!"라고 선언하는 것이다. 인간은 나약한 존재라서 자신의 도전을 아무도 모르면 희한하게도 태만해진다. 반면 누군가의 눈이 지켜보고 있다는 생각이 들면 강력한 동기 부여가 된다.

때로는 자신에게 변명거리를 제공하는 환경을 과감하게 버리는 용기도 필요하다. 국가고시에 도전하는 수험생 중에는 일을 접고 시험공부에 전념하는 사람도 있다. 이들의 합격률은 일과 병행해서 공부하는 사람보다 높다. 거기에는 물리적인 공부 시간이 충분했다는 점 외에 배수의 진을 치고 남다른 동기 부여 속에 공부했다는 이유도 존재한다.

다니던 직장을 그만두는 건 쉽게 생각할 일이 아니지만, 탈출구를 줄일 방법은 얼마든지 모색할 수 있다. 학원에 등록하는 것도 하나의 방법이고, 하다못해 비싼 책상을 구입하는 방법도 있다. '이렇게 값비싼 책상을 들여놓고 공부를 안 할 수는 없지' 하고 느낀다면 자연스럽게 책상 앞에 앉게 될 것이다.

노력은 결코 배반하지 않는다

이 책을 집필하면서 문득 떠오른 사람이 있습니다. 학원에서 내 강의를 듣던 수강생으로 법무사 시험을 준비하는 40대 수험생이었습니다.

그는 시험에 합격하고 싶어서 다니던 회사도 집어치우고 학원 수업을 들으면서 공부에 전념했습니다. 당시나는 그가 사는 동네 학원에 출강 중이었고 그가 내 수업을 듣게 된 것이 계기가 되어 그를 처음 만나게 되었지요.

그 반에는 학생들을 포함한 젊은 수강생이 많았고 그는 연장자 축에 속했습니다. 그런 자신의 위치 때문이었

느지 젊은 사람들 틈에 끼어서 공부한다는 것에 얼마간 위축되는 것처럼 보이기도 했습니다.

그가 우수한 학생이었냐면, 두뇌 면에서는 딱히 우수하다고 할 순 없었습니다. 그 반에는 이른바 일류대학에 다니는 학생도 여럿 있었고, 그는 겨우 강의 진도를 따라오는 수준의 평범한 수강생이었지요. 강의 중에 하는 질문의 수준만 보더라도 합격은 솔직히 장담할 수 없는 상황이었습니다.

하지만 그가 보여준 '노력의 양'은 그야말로 압도적이었습니다. 공부량만큼은 누구에게도 뒤지지 않았으며 성심을 다해 공부에 열중했습니다. 폭우가 쏟아지는 날도, 태풍이 부는 날도, 눈이 내리는 날도 아침부터 밤까지 자습실에서 책과 씨름하는 그의 모습에는 배울 점이 많았습니다.

그런 그를 보며 저도 모르게 '어떻게든 합격하면 좋겠다! 꼭 합격하면 좋겠다!' 하는 간절한 마음이 되었습니다. 그래서였을 겁니다. 질문을 받으면 질문에 대한 답뿐 아니라 암기 요령이나 기억을 유지하는 방법 등에 대해서도 자세히 알려주게 되었지요.

그리고 몇 년이 흐른 뒤, 그의 합격을 축하하는 자리에서 우린 다시 만났습니다. 노력에 노력을 거듭한 끝에 그가 마침내 최종 합격을 거머쥔 것입니다. 그때 그는 50을 바라보는 나이였습니다. 공부의 질을 철저히 끌어올리고 변함없는 노력의 양으로 도전을 이어간 결과 합격이라는 보상을 품에 안은 것입니다.

그의 투혼 덕분에 나는 다시금 확신했습니다. 올바른 암기법을 통달하고 그것을 기반으로 일정량의 노력을 꾸준히 기울이면 공부는 반드시 결과로 보답한다는 사실을요.

이 책의 독자는 대부분 40대일 것입니다. 그중에는 '연령상으로 늦은 감이 있는데 과연 좋은 결과를 얻을 수 있을까?' 의심하는 사람도 있을 줄 압니다. 하지만 그렇지 않습니다. 유효하고도 효과적인 암기법과 일정량의 노력, 이것만 있으면 결과는 따라옵니다. 당신에게는 지금까지 혹독한 비즈니스 환경에서 살아남은 경험이 있습니다. 그러니 암기의 장벽이 아무리 높아도 극복

할 수 있다는 확신을 가지고 '공부·암기'라는 지적 작업에 정진하기 바랍니다.

끝으로 이 책의 출간을 위해 많은 고생을 하신 분들께 이 지면을 빌려 깊은 감사를 드립니다. 이 책을 기획한 애플시드 에이전시 대표 오니즈카 다다시 님, 매번 기대를 저버리지 않는 기획, 정말 감사합니다. 야마다 게이코 님, 당신이 없었다면 이 책은 완성될 수 없었을 겁니다. 대단히 감사합니다. 출판사 PHP연구소 미야와키 다카히로 님, 편집 감사합니다. 유능한 편집자로서 저에게도 많은 것을 가르쳐주셨지요.

그리고 독자 여러분, 끝까지 읽어주셔서 감사합니다. 이 책이 여러분의 공부와 암기에 조금이라도 도움이 된다면 그보다 더한 기쁨을 없을 것입니다.

40대만의 암기법은 따로 있다
마흔 공부법

제1판 1쇄 인쇄 | 2018년 11월 16일
제1판 2쇄 발행 | 2018년 12월 14일

지은이 | 우스이 고스케
옮긴이 | 양금현
펴낸이 | 한경준
펴낸곳 | 한국경제신문 한경BP
책임편집 | 유능한
교정교열 | 공순례
저작권 | 백상아
홍보 | 조아라
마케팅 | 배한일 · 김규형
디자인 | 김홍신
본문디자인 | 디자인 현

주소 | 서울특별시 중구 청파로 463
기획출판팀 | 02-3604-553~6
영업마케팅팀 | 02-3604-595, 583 FAX | 02-3604-599
H | http://bp.hankyung.com   E | bp@hankyung.com
T | @hankbp   F | www.facebook.com/hankyungbp
등록 | 제 2-315(1967. 5. 15)

ISBN   978-89-475-4425-2   03320

책값은 뒤표지에 있습니다.
잘못 만들어진 책은 구입처에서 바꿔드립니다.